KOLONIALITÄT DER MACHT, EUROZENTRISMUS UND LATEINAMERIKA

Reprint der Ausgabe in der Reihe

ES KOMMT DARAUF AN

Texte zur Theorie der politischen Praxis
Herausgegeben von Boris Buden, Jens Kastner,
Isabell Lorey, Birgit Mennel, Stefan Nowotny,
Gerald Raunig, Hito Steyerl, Ingo Vavra, Tom Waibel
Band 17

ANÍBAL QUIJANO

KOLONIALITÄT DER MACHT, EUROZENTRISMUS UND LATEINAMERIKA

AUS DEM SPANISCHEN VON ALKE JENSS
UND STEFAN PIMMER

MIT EINER EINLEITUNG VON JENS KASTNER
UND TOM WAIBEL

VERLAG TURIA + KANT
WIEN - BERLIN

Originaltext: Aníbal Quijano: *Colonialidad del poder, eurocentrismo y América Latina*. Veröffentlicht in: *La colonialidad del saber: eurocentrismo y ciencias sociales. Perspectivas Latinoamericanas*. Edgardo Lander (Hg.) CLACSO, Consejo Latinoamericano de Ciencias Sociales, Buenos Aires, Argentina. Juli 2000. p. 246. http://bibliotecavirtual.clacso.org.ar/libros/lander/quijano.rtf.

INHALT

KLASSIFIZIERUNG UND KOLONIALITÄT DER MACHT

ANÍBAL QUIJANO, DEKOLONIALISTISCHE SOZIALTHEORIE UND POLITIK

Der peruanische Soziologe Aníbal Quijano gehört ohne Zweifel zu den wichtigsten AutorInnen der dekolonialistischen Theorie. Zentrale Begriffe der Debatten um das Fortwirken kolonialer Strukturen und um mögliche Strategien dagegen sind von ihm geprägt. Seine Rezeption im deutschsprachigen Raum ist jedoch kaum angelaufen. Trotz eines verstärkten Interesses, das in den letzten Jahren auch an theoretischen Positionen aus Lateinamerika zu verzeichnen ist, hat offensichtlich die mangelnde Verfügbarkeit von Texten Quijanos auf Deutsch eine breite Bezugnahme bisher verhindert.[1] Während der von Pablo Quintero und Sebastian Garbe herausgegebene Band

---

1 Zur dekolonialistische Debatte existiert bloß ein einziger Aufsatz auf Deutsch: Aníbal Quijano: »Die Paradoxien der eurozentrierten kolonialen Moderne«. In: *Prokla. Zeitschrift für kritische Sozialwissenschaft*, 40 (1), 2010, Heft 158, S. 29-47. Zuvor gab es in den 1970er und 1980er Jahre Übersetzungen von Texten Quijanos, die aber nicht mehr als eine sporadische Bezugnahme zur Folge hatten, vgl. etwa Aníbal Quijano: »Marginaler Pol der Wirtschaft und marginale Arbeitskraft.« In: Dieter Senghaas (Hg.): *Peripherer Kapitalismus Analysen über Abhängigkeit und Unterentwicklung*. Frankfurt am Main: Suhrkamp 1974, 298-341, und Aníbal Quijano: »Über die direkte Demokratie der Produzenten.« In: Veronika Bennholdt-Thomsen/ Tilman Evers/ Klaus Meschkat/ et al. (Hg.): *Prob-*

zur *Kolonialität der Macht* (2013)[2] – einem der wichtigen, von Quijano geprägten Begriffe – erstmals einige Texte der lateinamerikanischen Diskussion um den Ansatz des Soziologen versammelt, soll dieses Buch Grundlagenarbeit leisten und stellt daher einen von Quijanos bedeutenden Texten im Original vor.

Der 1928 in Yanama, Peru, geborene Quijano studierte an der Universidad Nacional Mayor de San Marcos (UNMSM) in Lima und am Departamento Latinoamericana de Sociología de la FLACSO in Chile. Er erwarb seinen Doktortitel 1964 an der UNMSM. Seit 1975 war er als Professor an der Soziologischen Fakultät der UNMSM tätig. Zuletzt war er Professor am Department of Sociology an der Binghamton University, New York. Zahlreiche Gastprofessuren in vielen Städten der Welt (Paris, São Paolo, Mexiko-Stadt, u.v.a.) weisen ihn zudem als gefragten Gelehrten aus.[3] In den 1970er Jahren beschäftigte er sich vor allem mit der Landfrage in Lateinamerika, mit den besonderen Lebens- und Arbeitsbedingungen der bäuerlichen Bevölkerungsgruppen und den Schlüssen, die aus diesen für eine linke, klassenkämpferische Position zu ziehen waren. Allein die Titel der wichtigsten seiner Veröffentlichungen wie etwa *Crisis Imperialista y clase obrera*

---

leme und Perspektiven der Linken. Lateinamerika – Analyse und Berichte, Nr. 5. Berlin: Olle & Wolter 1981, S. 41-64.

2 Pablo Quintero/ Sebastian Garbe (Hg.): *Kolonialität der Macht. De/koloniale Konflikte: zwischen Theorie und Praxis.* Münster: Unrast 2013.

3 Zur wissenschaftlichen Biografie Quijanos vgl. http://www.ces.uc.pt/emancipa/cv/gen/quijano.html [zuletzt aufgerufen am 16.09.2015]

en America Latina (1974) und *Imperialismo, clases sociales y estado en el Perú, 1890-1930: El Perú en la crisis de los años 30* (1978) weisen sein Denken als eines aus, das tief in der marxistischen Theorie verankert ist. Das änderte sich auch nicht mit den Schwerpunktverlagerungen, die Quijanos Arbeiten in den 1980er und 1990er Jahren erfuhren. Anders als anderen dekolonialististischen TheoretikerInnen war es Quijano nicht um eine Abgrenzung vom Marxismus zu tun, auch als er sich Fragen der Moderne, des Eurozentrismus und der Globalisierung zuwandte. Es ging ihm immer auch um eine Erneuerung und Aktualisierung marxistischer Grundannahmen, etwa in Form einer Revision zentraler Begriffe wie dem der Arbeit.[4] Bleiben einerseits die indigenen und bäuerlichen Bewegungen stets im Fokus seiner Auseinandersetzungen, gerät hinsichtlich der strukturellen Bedingungen, unter denen diese agieren und analysiert werden müssen, nicht mehr allein die Klassengesell-

---

4 Walter D. Mignolo etwa – neben Quijano und Enrique Dussel wohl der dritte wichtige Theoretiker des Dekolonialismus – weist den Marxismus in all seinen Spielarten an verschiedenen Stellen immer wieder dem »okzidentalen Denken« zu, von dem er seine dekolonalistische Perspektive abgegrenzt wissen will. Gleichzeitig bezeichnet er diese aber als von Frantz Fanon geprägt und bezieht sich auch auf José Carlos Mariátegui, allerdings ohne der Tatsache Aufmerksamkeit zu schenken, dass beide sich in Theorie wie Praxis als Marxisten verstanden, vgl. Jens Kastner/ Tom Waibel: »Dekoloniale Optionen. Argumentationen, Begriffe und Kontexte dekolonialer Theoriebildung«. In: Walter D. Mignolo: *Epistemischer Ungehorsam. Rhetorik der Moderne, Logik der Kolonialität und Grammatik der Dekolonialität.* Wien: Turia + Kant 2012, S. 7-42, hier S. 35.

schaft, sondern der Kolonialismus und seine Folgen fortan stärker ins Blickfeld. Anfang der 1990er Jahre erscheinen grundlegende Texte wie beispielsweise »Colonialidad y Modernidad/Racionalidad« (1991), die seine Rolle als Bereiter theoretischer Grundlagen und als zentraler Stichwortgeber für den politik-, kultur- und sozialwissenschaftlichen Dekolonialismus schließlich vorbereiten. Quijano ist auch Mitglied des transdisziplinären und transnationalen Forschungszusammenhangs »Projekt Modernität/Kolonialität«.[5]

KLASSE UND KLASSIFIZIERUNG

Es lässt sich ohne Weiteres sagen, dass Quijano eine Diskussion aufgreift und vertieft, die sowohl auf theoretischer wie auch auf politischer Ebene von José Carlos Mariátegui (1894–1930) angestoßen worden war. Der ebenfalls peruanische Marxist und Mitbegründer der Sozialistischen Partei Perus (1928) hatte Ende der 1920er Jahre auf die besondere Situation Lateinamerikas, insbesondere im Hinblick auf die ökonomische Rückständigkeit der ländlichen Regionen, hingewiesen und nach den Konsequenzen gefragt, die daraus für eine marxistische Gesellschaftsanalyse – und selbstverständlich auch für linke Po-

---

[5] Vgl. Jens Kastner/ Tom Waibel: »Dekoloniale Optionen«, a.a.O. und Sebastian Garbe: »Das Projekt Modernität/ Kolonialität – Zum theoretischen/ akademischen Umfeld des Konzepts der Kolonialität der Macht«. In: Pablo Quintero und Sebastian Garbe (Hg.): *Kolonialität der Macht*, a.a.O., S. 21–52.

litik – zu ziehen seien.[6] Mariátegui stellte mit seiner Feststellung, dass 90 Prozent der Indigenen in Lateinamerika nicht Proletarier, sondern Leibeigene seien, nicht nur die zentrale Fokussierung marxistischer Strategie auf das Industrieproletariat in Frage.[7] Zugleich tat sich theoretisch das Problem auf, wie die Zugehörigkeit zu ethnisch bestimmten Gruppen mit derjenigen zu sozialen Klasen ins Verhältnis zu setzen sei.

Quijano greift diese Frage auf und beantwortet sie mit einem Modell rassialisierter Klassifizierung, die unmittelbar mit dem (kapitalistischen) Produktionsprozess zusammenhängt. Zunächst leitet sich die Zugehörigkeit zu einer Klasse laut Quijano nicht automatisch aus dem Produktionsprozess oder aus gesellschaftlichen Strukturen ab, sondern sie ist ein Effekt sozialer Kämpfe. Erst in der Auseinandersetzung um die Kontrolle der Arbeit, so Quijano, wird eine solche Zugehörigkeit geschaffen. Im Kontext des Kolonialismus war ein Instrument dieser Kontrollkämpfe die ethnische Einteilung der Bevölkerung. Eine Kategorie wie »Rasse« im modernen Sinne hatte vor der Kolonisierung Amerikas nicht existiert. Auf

---

6 Zur Rezeption Mariáteguis innerhalb des Marxismus vgl. Eleonore von Oertzen: »Einleitung«. In: José Carlos Mariátegui: *Revolution und peruanische Wirklichkeit. Ausgewählte politische Schriften*. Hgg. v. Eleonore von Oertzen. Frankfurt a.M.: ISP 1986, S. 9–52.

7 José Carlos Mariátegui: »Das Problem der Rassen in Lateinamerika«. In: Ders.: *Revolution und peruanische Wirklichkeit. Ausgewählte politische Schriften*. Hgg. v. Eleonore von Oertzen. Frankfurt am Main: ISP 1986, S. 113–154, hier S. 115.

ihr gegründete, soziale Beziehungen haben neue Identitäten geschaffen – Indigene, Schwarze, Mestizen u.a. – und bestehende umdefiniert. Diese wiederum wurden zur Grundlage einer neuen Organisation der Arbeit, die auf der permanenten Instituierung von Überlegenheit und Minderwertigkeit beruht. »Die neuen historischen Identitäten, die um die Idee der Rasse herum in der neuen globalen Struktur der Kontrolle der Arbeit produziert wurden, waren mit sozialen Rollen und geohistorischen Orten verknüpft«.[8]

Die Prozesse der Einteilung und Zuordnung bei gleichzeitiger Wertung der Klassifikation als Grundlage von sozialer Organisation und von Herrschaft zu beschreiben, eröffnete den Sozialwissenschaften, die sich auch vorher schon mit Ausbeutungs-, Unterdrückungs- und Abhängigkeitsverhältnissen beschäftigt hatten, eine neue Dimension: Es handelt sich um die Dimension der Kultur, verstanden als vielschichtige und wirkmächtige Prozesse der Sinn- und Bedeutungsgebung.[9] Die »soziale Klassifikation«, stellt Quijano in seinem wegweisenden Aufsatz »Colonialidad del Poder y Clasificacion Social« (2000)[10] her-

---

[8] Aníbal Quijano: »Coloniality of Power, Eurocentrism, and Latin America.« In: *Nepantla. Views from South*, 1.3, 2000, S. 533-580, hier S. 536. [Übers. JK/TW]

[9] Zum Einfluss Quijanos auf die Sozialwissenschaften in Lateinamerika vgl. etwa César Germaná: »Eine Epistemologie der anderen Art. Der Beitrag von Aníbal Quijano in der Neustrukturierung der Sozialwissenschaften in Lateinamerika«. In: Pablo Quintero/ Sebastian Garbe (Hg.): *Kolonialität der Macht*, a.a.O., S. 71–92.

[10] Aníbal Quijano: »Colonialidad del Poder y Clasificacion Social«. In: *Journal of World-Systems Research*, VI, 2, Summer/Fall 2000, S. 342–386.

aus, gewährleistet erst die Verteilung von Menschen innerhalb von Machtbeziehungen. Diese soziale Klassifikation geschieht vor allem in den miteinander verschränkten Kategorien Arbeit, Ethnizität und Geschlecht. Sie ist zwar relativ stabil, aber dennoch nicht irgendwann ein für alle Mal installiert, sondern De- und Re-Klassifizierungen ausgesetzt.[11] Die historische Genese dieser Konstellation ist auch Thema des vorliegenden Buches.[12]

Klassifikationen etablieren sich stets in Konflikten, in denen die historischen Auseinandersetzungen fortwirken. Bis heute, betont Quijano, zeitige gerade die kolonialistische Aufteilung der Welt und die globale Organisierung der Arbeit seit der Eroberung Lateinamerikas immense Effekte. Denn die zwischen dem kolonialen Zentrum und der Peripherie differenzierende soziale Klassifikation war der zentrale Mechanismus, um die Akkumulation des Wohlstands des Zentrums zu gewährleisten. Die für diese Akkumulation nützlichste Zuschreibung körperlicher bzw. verkörperter Merkmale wirkt bis heute fort, sie schafft und sichert nach wie vor soziale Hierarchien.[13]

---

11 Vgl. ebd., S. 269ff.

12 Zu den Spuren, die Quijano in einer postkolonialistisch inspirierten Geschichtswissenschaft hinterlassen hat, vgl. auch Olaf Kaltmeier: »Postkoloniale Geschichte(n). Repräsentationen, Temporalitäten und Geopolitiken des Wissens«. In: Julia Reuter/ Alexandra Karentzos (Hg.): *Schlüsselwerke der Postcolonial Studies*. Wiesbaden: VS 2012, S. 203–214.

13 Ähnlich argumentiert auch Achille Mbembe, wenn er schreibt, dass »[i]n der modernen Welt [...] die Rassenlogik die soziale und ökonomische Struktur [durchdringt]«, Achille

Es handelt sich also nicht einfach um verschiedene soziale Einteilungen und Bedeutungsmuster, die nebeneinander stehen. Es geht um machtbasierte Klassifikationen, die unterschiedliche Wertigkeiten und Legitimitäten produzieren. Die Matrix der Macht, die der Kolonialismus mit sich gebracht hat, basiert demnach nicht bloß auf der militärischen Unterdrückung der indigenen Bevölkerungen, sondern – wie Santiago Castro-Gómez Quijanos These zusammenfasst – auf dem Versuch, »ihr traditionelles Wissen über die Welt radikal zu verändern und den kognitiven Horizont des Herrschers als ihren eigenen zu übernehmen«.[14] Wegen dieses Phänomens der (unbewussten) Übernahme der kognitiven Strukturen der Unterdrücker spricht Quijano – in diesem Buch wie an anderen Stellen – von einer »Kolonialität der Macht«.[15] Die Kolonialität der Macht beschreibt, wie Catherine Walsh es formuliert, diejenigen modernen Muster der Macht, die »die ›raza‹ mit der Kontrolle der Arbeit, dem Staat und der Produktion des

---

Mbembe: *Kritik der schwarzen Vernunft*. Frankfurt am Main: Suhrkamp 2014, S. 79.

[14] Santiago Castro-Gómez: »(Post)Coloniality for Dummies: Latin American Perspectives on Modernity, Coloniality, and Geopolitics of Knowledge.« In: Mabel Moraña/ Enrique Dussel/ Carlos A. Jáuregui (Hg.): *Coloniality at Large. Latin America and the Postcolonial Debate*. Durham & London: Duke University Press 2008, S. 259-285, hier S. 281 [Übers. JK/TW]

[15] Aníbal Quijano: »Coloniality of Power, Eurocentrism, and Social Classification.« In: Mabel Moraña/ Enrique Dussel/ Carlos A. Jáuregui (Hg.): *Coloniality at Large. Latin America and the Postcolonial Debate*. Durham & London: Duke University Press 2008, S. 181-224.

Wissens verknüpft«[16]. Quijano knüpft dabei selbstverständlich an Grundannahme antikolonialistischer Klassiker wie etwa Frantz Fanon an, die ein solches Einwirken auf Wahrnehmungsstrukturen und Epistemologien durch den Kolonialismus beschrieben und stets auch deren Bedeutung für dekolonialistische Politik betont haben.[17] Auch nach Abzug der militärischen und staatspolitischen Agentinnen und Agenten des Kolonialismus gilt, was der indische, antikolonialistische Theoretiker Ashis Nandy auf den Punkt brachte: »Der Westen ist jetzt überall, innerhalb des Westens sowie außerhalb; in Strukturen und im Bewußtsein.«[18]

THEORIE UND POLITIK

Quijano belässt es allerdings nicht bei der Beschreibung von strukturellen Zwängen und Determinierungen. Ganz der Tradition Antonio Gramscis verpflichtet, geht es auch ihm um Hegemonie im doppelten

---

16 Catherine Walsh: »¿Son posibles unas ciencias sociales/ culturales otras? Reflexiones en torno a las epistemologías decoloniales«. In: *Nómadas*, Bogotá, Nr. 26, April 2007, S. 102–113, hier S. 104. [Übers. JK/ TW]

17 Vgl. etwa Jens Kastner: »Klassifizierende Blicke, manichäische Welt. Frantz Fanon: ›Schwarze Haut, weiße Masken‹ und ›Die Verdammten dieser Erde‹«. In: Julia Reuter/ Alexandra Karentzos (Hg.): *Schlüsselwerke der Postcolonial Studies*, a.a.O., S. 85-95.

18 Ashis Nandy: *Der Intimfeind. Verlust und Wiederaneignung der Persönlichkeit im Kolonialismus.* [1982] Aus dem Indischen Englisch von Lou Marin. Nettersheim: Verlag Graswurzelrevolution 2008, S. 65.

Sinne: nicht nur als komplexe Situation von Herrschaft und dominanten Konsensen, sondern auch als veränderbare, soziale Prozesse. Selbst im Hinblick auf die über Jahrhunderte erneuerten Formen der Klassifizierung betont Quijano die Möglichkeit von »neuen sozialen Praktiken« als Auswege aus und politische Perspektive gegenüber der diskriminierenden Festschreibung.[19]

Es sind schließlich sowohl die theoretische als auch die im engeren Sinne politische Ebene, für die eine Übersetzung von Quijanos neue Impulse setzen kann.

So werden einerseits auch im deutschsprachigen Raum seit geraumer Zeit am Rande von Migrationsforschung und Rassismusanalyse die symbolischen Dimensionen sozialer Ungleichheit thematisiert[20] – ohne dabei allerdings die Beiträge aus Lateinamerika zur Kenntnis zu nehmen: Dass Quijano eine Bereicherung für die Auseinandersetzung mit solchen kulturellen Differenzen ist, die »eine Ungleichverteilung von Ressourcen hervorbringen«[21], davon gehen wir aus. Eine dekolonialistische Perspektive erscheint hier

---

19 Aníbal Quijano: »Modernity, Identity, and Utopia in Latin America.« In: John Beverly/ José Oviedo/ Michael Aronna (Hg.): *The Postmodernism Debate in Latin America.* Durham & London: Duke University Press 1995, S. 201-216, hier S. 216.

20 Vgl. vor allem Anja Weiß/ Cornelia Koppetsch/ Albert Scharenberg/ Oliver Schmidtke (Hg.): *Klasse und Klassifikation. Die symbolische Dimension sozialer Ungleichheit.* Wiesbaden: Westdeutscher Verlag 2001.

21 Anja Weiß/ Cornelia Koppetsch/ Albert Scharenberg/ Oliver Schmidtke: »Horizontale Disparitäten oder kulturelle Klassifikation? Zur Integration von Ethnizität und Geschlecht in

zudem gewinnbringend, insofern ein Zusammenhang von Rassismus und Kolonialismus im deutschsprachigen Kontext überhaupt erst ab den 1990er Jahren systematisch diskutiert wurde. Die koloniale Geschichte als Ausgangspunkt für kritische Theorie und Praxis war insbesondere vom nationalsozialistischen Rassewahn und Genozid überlagert. Darüber hinaus kann die historische Rekonstruktion der Vorstellungen und Durchsetzung des »Rasse«-Konzeptes, die Quijano leistet, auch für die aus feministischen Debatten entstandene Intersektionalitätsforschung, die die Überkreuzungen (intersections) der verschiedenen Diskriminierungs- und Exklusionsformen – vor allem Ethnizität/ »race«, Klasse und Geschlecht – untersucht, ebenso von Nutzen sein wie Quijanos Überlegungen zu jener gegenseitigen Durchdringung.[22] Quijano teilt zudem selbstverständlich auch den normativen Anspruch des Feminismus, gegen die analysierten Verflechtungen von Herrschaftsverhältnissen vorzugehen. Schließlich beschreibt er nicht nur die spezifisch koloniale Genese des Zusammenhangs von Klassifikation und der Verteilung von und dem Zugang zu Ressourcen, sondern es geht ihm auch darum zu betonen, dass und inwiefern Lateinamerika »zum

---

die Analyse sozialer Ungleichheit«. In: Dies. *Klasse und Klassifikation.* a.a.O., S. 7–26, hier S. 18.

22 Zur Intersektionalitätsforschung vgl. Helma Lutz/ Maria Teresa Herrera Vivar/ Linda Supik (Hg.): *Fokus Intersektionalität. Bewegungen und Verortungen eines vielschichtigen Konzeptes.* Wiesbaden: VS 2010.

ersten Widerstandsraum gegen den Eurozentrismus wurde«[23].

Gewiss sind weder Antirassismus noch Intersektionalitätsdebatte ausschließlich oder in erster Linie akademischen Ursprungs oder allein Sache von Intellektuellen. Selbst im deutschsprachigen Raum haben sich schon in den 1980er Jahren linksradikale aktivistische Kreise dem Zusammenhang von Rassismus, Sexismus und Klassenherrschaft gewidmet.[24] Andererseits also gibt es auch in politaktivistischer Hinsicht mögliche Anknüpfungspunkte. Hier stehen seit längerem Strategien und Versuche ganz oben auf der Tagesordnung, dasjenige zu verlernen, zu dem wir – auf der Grundlage der Kolonialität der Macht – gemacht wurden, und die Spuren und Effekte der kolonialistischen Zurichtung schließlich abzulegen: ein vielstimmiger Appell, der sich an die Subalternen und Beherrschten dieser Welt ebenso richtet (und nicht selten von ihnen ausgeht) wie an die Mitglieder der »Dominanzkultur«[25] – und mit dem auch das vorliegende Buch endet.

---

23 Aníbal Quijano: »Die Paradoxien der eurozentrierten kolonialen Moderne«, a.a.O., S. 41.

24 Vgl. etwa Projektgruppe (Hg.): *Metropolen(gedanken) & Revolution? Texte zur Patriarchats-, Rassismus-, Internationalismusdiskussion*. Berlin: ID Archiv 1991.

25 Birgit Rommelspacher hatte den Begriff der »Dominanzkultur« mit vergleichbarer Absicht entwickelt. Gegen den Mainstream der deutschen Rechtsextremismus-Forschung hatte Rommelspacher Anfang der 1990er Jahren insistiert, das »Mächtige wie Machtlose rassistisch orientiert sind, wenn sie in dieser Gesellschaft aufgewachsen sind und nicht gelernt haben, sich bewußt davon zu distanzieren. Auf diese Tatsache zielt der Begriff der Dominanzkultur ab.« Birgit Rommelspa-

Nicht zuletzt möchten wir uns bei Alke Jenss und Stefan Pimmer bedanken, auf deren Initiative hin das vorliegende Buch entstanden ist, für die Übersetzung und für die gute Zusammenarbeit! Dieses nicht finanziell entlohnte und im Rahmen der bolognisierten Universitäten karrierebezogen kaum zu verwertende Engagement ist in Zeiten der Ökonomisierung aller Lebensbereiche nicht hoch genug zu werten!

---

cher: »Rechtsextremismus und Dominanzkultur«. In: Andreas Foitzik/ Rudi Leiprecht/ Athanasios Marvakis (Hg.): *›Ein Herrenvolk von Untertanen‹. Rassismus – Nationalismus – Sexismus*. Duisburg: DISS 1992, S. 81–94, hier S. 81.

KOLONIALITÄT DER MACHT, EUROZENTRISMUS UND LATEINAMERIKA[1]

ANÍBAL QUIJANO

[1] Ich möchte vor allem Edgardo Lander und Walter Mignolo für ihre Unterstützung bei der Überarbeitung dieses Artikels danken, und einem mir unbekannten Gutachter für seine hilfreiche Kritik an einer vorherigen Version. Sie sind selbstverständlich nicht verantwortlich für die Fehler und Grenzen des Textes.

Die derzeitige Globalisierung ist zuallererst der Höhepunkt eines Prozesses, der mit der Konstitution Amerikas und des kolonial/modernen eurozentrischen Kapitalismus als neuem Muster globaler Macht seinen Anfang nahm. Eine der grundlegenden Achsen dieses Modells ist die soziale Klassifizierung der Weltbevölkerung anhand der Vorstellung von *raza*,[2] einer mentalen Konstruktion, in der sich die elementare Erfahrung kolonialer Herrschaft ausdrückt, und die seitdem die zentralsten Dimensionen globaler Macht durchdringt, auch ihre spezifische Rationalität: den Eurozentrismus. Diese Achse ist von ihren Wurzeln und ihrem Charakter her kolonial, aber sie hat sich als langlebiger und stabiler erwiesen als der

---

2 Anm. d. Ü.: Quijano benutzt den Begriff *raza* bewusst und in kritischer Weise (vgl. seine Erläuterungen in den Fußnoten 8 und 9). In Anlehnung an die *Postcolonial Studies* haben wir uns in der vorliegenden Übersetzung dafür entschieden, den Begriff im Spanischen zu belassen. Damit wollen wir neben dem von Quijano erwähnten konstruierten und herrschaftsförmigen Charakter des Begriffs auch auf dessen unterschiedliche Konnotationen im deutschsprachigen Raum und in den Amerikas hinweisen. Während der Begriff im deutschen Sprachraum durch den Nationalsozialismus geprägt und dementsprechend antisemitisch bzw. völkisch konnotiert ist, lässt sich in den Amerikas auch eine affirmative Bezugnahme und Vereinnahmung durch subalterne Gruppen feststellen. Diese schwankt zwischen einem strategischen Essenzialismus auf der einen und einer auf der Idee des *mestizaje* beruhenden, teils antiimperialistisch bzw. antikolonial konnotierten Verwendung (*raza latina*, *raza cósmica*) auf der anderen Seite. Diese affirmative Bezugnahme in den Amerikas soll jedoch nicht darüber hinwegtäuschen, dass der Begriff auch im Spanischen immer rassistisch kodiert ist und die damit verbundene soziale Klassifizierung das grundlegende Element des von Quijano als Kolonialität bezeichneten weltweiten Machtmusters ist.

Kolonialismus, in dessen Gefüge sie errichtet wurde. Insofern setzt das heute hegemoniale Muster von Macht ein koloniales Element voraus. Im Folgenden möchte ich vor allem einige theoretisch notwendige Fragen aufwerfen, die sich mit den Auswirkungen der Kolonialität der Macht auf die Geschichte Lateinamerikas beschäftigen.[3]

[3] Zum Konzept der Kolonialität der Macht vgl. Aníbal Quijano: »Colonialidad y modernidad/racionalidad«, in *Perú Indígena*, vol. 13, no. 29, Lima, 1992, S. 11-20.

I. AMERIKA UND DAS NEUE MUSTER GLOBALER MACHT

Amerika konstituierte sich als erster Zeit/Raum einer neuen Machtstruktur mit globaler Reichweite, und darüber und deshalb als die erste *Id-Entität* der Moderne. Zwei historische Prozesse liefen in der Produktion dieses Zeit/Raum-Gefüges zusammen und festigten sich als die zwei grundlegenden Achsen des neuen Musters von Machtbeziehungen. Einerseits war das die Kodifizierung der Differenzen zwischen Eroberern und Eroberten in der Vorstellung von *raza*, also einer angeblich unterschiedlichen biologischen Struktur, die den einen eine natürliche Unterlegenheit gegenüber den anderen zuwies. Die Eroberer eigneten sich diese Vorstellung als das eine wesentliche, konstitutive Element für die mit der Eroberung durchgesetzten Herrschaftsverhältnisse an. Auf dieser Basis wurden in dem neuen Machtmuster die Bevölkerung von Amerika und später die Weltbevölkerung klassifiziert. Andererseits erfolgte darüber die Verschränkung aller historisch bekannten Formen der Kontrolle über die Arbeit, ihrer Ressourcen und Produkte in Bezug auf das Kapital und den Weltmarkt.[1]

---

[1] Vgl. Aníbal Quijano und Immanuel Wallerstein: »Americanity as a Concept, or the Americas in the Modern World-System«, in *International Social Science Journal*, no. 134, UNESCO, Paris, November 1992, S. 549-557. Außerdem »América, el capitalismo y la modernidad nacieron el mismo día«, Interview mit Aníbal Quijano, in *ILLA*, no. 10, Lima,

RAZA, EINE MENTALE KATEGORIE DER MODERNE

Die Vorstellung von raza im modernen Sinn hat vor der Kolonisierung Amerikas keine bekannte Geschichte.[2] Vielleicht bezog sie sich ursprünglich auf die phänotypischen Unterschiede zwischen Eroberern und Eroberten, aber wichtig dabei ist, dass sie sehr bald als Referenz für angeblich unterschiedliche biologische Strukturen zwischen diesen Gruppen konstruiert wurde.

Die Herausbildung der auf dieser Idee basierenden sozialen Verhältnisse produzierte in Amerika historisch neue gesellschaftliche Identitäten: *Indios, Schwarze, Mestizen*, und definierte andere um. Begriffe wie *spanisch* oder *portugiesisch*, und später *europäisch*, die bis dahin nur auf die geografische Herkunft oder auf das Herkunftsland hingewiesen hatten, erhielten von nun an in Bezug auf die neuen Identitäten ebenfalls eine rassialisierte Konnotation. Und in dem Maße, in dem die sich herausbildenden gesellschaftlichen Beziehungen Herrschaftsverhältnisse waren, wurden die entsprechenden Identitäten

---

Januar 1991. Zum Konzept Zeit/Raum vgl. Immanuel Wallerstein: »El Espacio/Tiempo como base del conocimiento«, in *Anuario Mariateguiano*, vol. IX, no. 9, Lima, 1997, S. 101-112.

2 Zu dieser Frage und zur möglichen Herleitung der Vorstellung von *raza* vor Amerika verweise ich auf meinen Text »›Raza‹, ›etnia‹ y ›nación‹ en Mariátegui: cuestiones abiertas«, in Roland Forgues (Hg.) *José Carlos Mariátegui y Europa. La otra cara del descubrimiento*, Editorial Amauta, Lima, 1992, S. 166-187.

mit den Hierarchien, Orten und gesellschaftlichen Rollen assoziiert und als konstitutiv für diese und konsequenterweise auch für das sich durchsetzende koloniale Herrschaftsmuster erachtet. *Raza* und rassialisierte Identität wurden als grundlegende gesellschaftliche Klassifizierungsinstrumente der Bevölkerung etabliert.

Mit der Zeit kodifizierten die Kolonialherren die phänotypischen Züge der Kolonisierten als Farbe und übernahmen diese als emblematisches Charakteristikum der rassialisierten Einteilung. Diese Kodifizierung wurde ursprünglich vermutlich im britisch-amerikanischen Gebiet etabliert. Die Schwarzen waren dort nicht nur die wichtigsten Ausgebeuteten, weil der Großteil der Wirtschaft auf ihrer Arbeit beruhte. Sie waren vor allem die bedeutsamste kolonisierte *raza*, denn die *Indios*[3] waren nicht Teil dieser kolonialen Gesellschaft. Die Herrschenden nannten sich erst infolgedessen Weiße.[4]

---

3 Begriffe wie *Indio*, *Mestizo* etc. verwendet Quijano ebenso bewusst und in kritischer Weise; Anm. d. Ü.

4 Die Erfindung der Kategorie der Hautfarbe – zunächst als den sichtbarsten Indikator für *raza*, später einfach ihr Äquivalent -, ebenso wie die Erfindung der besonderen Kategorie *weiß*, müsste noch tiefgehender historisch untersucht werden. Tatsächlich waren sie höchstwahrscheinlich britisch-amerikanische Erfindungen, da sich in Chroniken und anderen Dokumenten der ersten hundert Jahre des iberischen Kolonialismus in Amerika keine Spuren dieser Kategorien finden. Für den britisch-amerikanischen Fall existiert eine breite Bibliographie (Theodore W. Allen, *Die Erfindung der weißen Rasse. Rassistische Unterdrückung und soziale Kontrolle*, Band 1, Edition ID Archiv, Berlin, 1998; Matthew Frye Jacobson, *Whiteness of a Different Color*, Harvard University Press, Cambridge, 1998,

In Amerika war die Vorstellung von *raza* ein Modus, um den mit der Eroberung durchgesetzten Herrschaftsverhältnissen Legitimität zu verleihen. Die spätere Konstitution Europas als neuer *Id-Entität* nach Amerika und die Expansion des europäischen Kolonialismus in den Rest der Welt führten zur Entwicklung einer eurozentrischen Wissensperspektive und damit zu einer theoretischen Ausformulierung der Vorstellung von *raza* als Naturalisierung dieser kolonialen Herrschaftsverhältnisse zwischen Europäern und Nicht-Europäern. Historisch bedeutete dies eine neue Art der Legitimierung altbekannter Vorstellungen und Praktiken in den Beziehungen von Über- und Unterlegenheit zwischen Herrschenden und Beherrschten. Seitdem hat sich dieses Prinzip als das wirkmächtigste und langlebigste Instrument universaler gesellschaftlicher Herrschaft erwiesen, denn das viel ältere, aber ebenso universelle, inter-sexuelle oder *gender*-Prinzip wurde bald davon abhängig: Die eroberten und beherrschten Bevölkerungsgrup-

---

unter den wichtigsten). Das Problem besteht darin, dass hier die Entwicklungen im Iberischen Amerika ignoriert werden. Daher haben wir über diese Region bisher nicht genügend Information über diesen spezifischen Aspekt. Deshalb bleibt dies eine offene Frage. Es ist doch sehr interessant: Obwohl jene, die zukünftig Europäer sein würden, die zukünftigen Afrikaner seit der Epoche des römischen Reiches kannten, dachten nicht einmal die Iberer, die mit ihnen lange vor der *Conquista* mehr oder weniger bekannt waren, vor dem Erscheinen Amerikas von ihnen in rassialisierten Begriffen. Tatsächlich wurde *raza* als Kategorie zunächst für die »Indios« benutzt, nicht für die »Schwarzen«. Damit tauchte in der Geschichte der gesellschaftlichen Klassifizierung der Weltbevölkerung *raza* viel früher auf als die Farbe.

pen (*pueblos*) wurden in einer natürlichen Position der Unterlegenheit situiert, und infolgedessen sowohl ihre phänotypischen Züge als auch ihre Denkweisen und kulturellen Merkmale als unterlegen betrachtet.[5] *Raza* wurde also zum ersten Hauptkriterium für die Einteilung der Weltbevölkerung in Rangstufen, Stellungen und Rollen in der Machtstruktur der neuen Gesellschaft. Sie wurde zum grundlegenden Modus der universellen gesellschaftlichen Klassifizierung der Weltbevölkerung.

DER KAPITALISMUS: DIE NEUE STRUKTUR ZUR KONTROLLE DES FAKTOR ARBEIT

Im historischen Konstitutionsprozess Amerikas waren alle bekannten Formen, den Faktor Arbeit zu kontrollieren und auszubeuten, sowie die Kontrolle über Produktion, Aneignung und Distribution von Produkten mit dem Verhältnis Kapital-Lohnarbeit

---

5 Die Vorstellung von *raza* ist im wahrsten Sinne des Wortes eine Erfindung. Sie hat nichts mit der biologischen Struktur der menschlichen Spezies zu tun. Was die phänotypischen Merkmale angeht, so finden sich diese offensichtlich im genetischen Code von Individuen und Gruppen und in diesem spezifischen Sinn sind sie biologisch. Sie stehen jedoch in keinerlei Beziehung mit den Subsystemen und biologischen Prozessen des menschlichen Organismus, natürlich auch nicht mit jenen in den neurologischen und mentalen Subsystemen und deren Funktionen. Vgl. Jonathan Marks, *Human Biodiversity, Genes, Race and History*, Aldyne de Gruyter, New York, 1994 und Aníbal Quijano: »¡Qué tal raza!«, in *Familia y cambio social*, CECOSAM, Lima, 1999, S. 186-204.

(im Folgenden Kapital) und dem Weltmarkt verschränkt. Das beinhaltete Sklaverei, Leibeigenschaft, einfache Warenproduktion, Reziprozität und Lohnarbeit. In diesem Ensemble war jede einzelne Kontrollform über den Faktor Arbeit nicht einfach eine Erweiterung ihrer historischen Vorläufer. Alle waren historisch und soziologisch betrachtet neu. Erstens, weil sie gezielt durchgesetzt und organisiert wurden, um Güter für den Weltmarkt zu produzieren. Zweitens, weil sie nicht einfach gleichzeitig im selben Zeit/Raum existierten, sondern alle und jede mit dem Kapital und dem Markt und darüber auch miteinander verbunden waren. Sie bildeten so ein neues globales Muster zur Kontrolle der Arbeit und zugleich ein grundlegendes Element für ein neues Muster von Macht, von dem sie gemeinsam und einzeln historisch-strukturell abhingen. Abhängig waren sie nicht nur wegen ihrer Verortung und Funktion als untergeordnete Teile einer Totalität, sondern weil sie – ohne ihre jeweiligen Charakteristika zu verlieren oder ihre diskontinuierlichen Beziehungen zur Gesamtordnung und untereinander zu beeinträchtigen – in ihrer historischen Bewegung von nun an von ihrer Zugehörigkeit vom globalen Machtmuster abhingen. Drittens entwickelte infolgedessen jede von ihnen neue historisch-strukturelle Charakteristika und Ausprägungen, um die neuen Funktionen zu erfüllen.

In dem Maße, in dem jene Kontrollstruktur über den Faktor Arbeit, Mittel und Produkte darin bestand, alle entsprechenden historisch bekannten Formen miteinander zu verflechten, festigte sich erstmals in der Geschichte ein globales Muster der Kontrolle über die Arbeit, ihrer Mittel und Produkte. Und während sich dieses Muster in Bezug auf das und zu Nutzen des Kapitals konstituierte, begründete sich auch seine Gestaltung als Gesamtheit mit kapitalistischen Zügen. So formierte sich eine neue, originale und singuläre Struktur von Produktionsverhältnissen in der historischen Erfahrung der Welt, der globale Kapitalismus.

KOLONIALITÄT DER MACHT UND GLOBALER KAPITALISMUS

Die neuen, auf Basis des Konzepts der *raza* etablierten historischen Identitäten wurden mit der Art und Weise assoziiert, die die gesellschaftlichen Rollen und Orte in der neuen globalen Kontrollstruktur über den Faktor Arbeit annahmen. So blieben beide Elemente, *raza* und Arbeitsteilung, strukturell miteinander verbunden und verstärkten sich gegenseitig, obwohl keines der beiden in seiner Existenz oder möglichen Veränderungen notwendigerweise vom anderen Element abhängig war.

Auf diese Weise wurde eine systematische rassialisierte Arbeitsteilung errichtet. In Hispanoamerika entschied sich die Krone von Kastilien früh, die Sklaverei von *Indios* abzuschaffen, um deren völlige Auslöschung zu vermeiden. Sie wurden stattdessen in die Fronarbeit geschickt. Denen, die in ihren Gemeinden lebten, wurde die Ausübung ihrer althergebrachten Reziprozität erlaubt – z.B. der Austausch von Arbeitskraft und Arbeit ohne Markt – als eine Möglichkeit, ihre Arbeitskraft als Leibeigene zu reproduzieren. In manchen Fällen wurde der indigene Adel als dezimierte Minderheit entsprechend seiner Rolle als Vermittler zur herrschenden *raza* von der Leibeigenschaft ausgenommen und bevorzugt behandelt. Ihnen wurde auch erlaubt, sich in einigen der Berufe zu betätigen, die sonst nicht-adlige Spanier innehatten. Die Schwarzen jedoch wurden ausschließlich auf die Sklaverei beschränkt. Spanier und Portugiesen konnten als herrschende *raza* Löhne erhalten, unabhängige Händler, Handwerker oder Landwirte sein, kurz, unabhängige Warenproduzenten. Nichtsdestotrotz durfte nur der Adel in der kolonialen Zivil- und Militärverwaltung höhere und mittlere Ämter bekleiden.

Ab dem 18. Jahrhundert begannen in Hispanoamerika viele Mestizen, Kinder von Spaniern und *Indio*-Frauen, die bereits ein breites und bedeutsames soziales Segment der kolonialen Gesellschaft ausmachten, den gleichen Berufen und Tätigkeiten nachzugehen, die Nicht-adlige iberischer Herkunft ausübten. Das galt in einem geringeren Maß und vor allem in Dienstleistungstätigkeiten und solchen, die besondere Talente und Fähigkeiten erforderten (z.B. in der Musik) auch für die am meisten »*ablancados*«[6] unter den Mestizen, die Kinder von schwarzen Frauen und Männern iberischer Herkunft (Spaniern oder Portugiesen) waren. Sie konnten ihre neuen gesellschaftlichen Rollen aber erst spät legitimieren, denn ihre Mütter waren Sklavinnen. Diese rassistische Eintei-

---

6 In etwa »die mit der am hellsten/weißesten gewordenen Hautfarbe«« [Anm. d. Ü.].

lung von Arbeit im kolonialen/modernen Kapitalismus wurde während der gesamten Kolonialzeit beibehalten.

Im Verlauf der weltweiten Expansion kolonialer Herrschaft durch dieselbe herrschende *raza* – die Weißen (oder ab dem 18. Jahrhundert die Europäer), wurde das gleiche Kriterium gesellschaftlicher Klassifizierung der gesamten Weltbevölkerung aufgezwungen. In der Folge wurden neue historische und gesellschaftliche Identitäten geschaffen: Gelbe und Olivfarbene kamen zu Weißen, Indios, Schwarzen und Mestizen dazu. Diese rassistische Distribution neuer gesellschaftlicher Identitäten wurde, genau auf die Weise, die in Amerika so erfolgreich war, mit einer rassistischen Distribution von Arbeit und Ausbeutungsformen des kolonialen Kapitalismus verknüpft. Dies kam darin zum Ausdruck, dass fast ausschließlich das gesellschaftliche Weißsein (*blanquitud*) mit dem Konzept von Lohnarbeit und selbstredend den entscheidenden Stellen in der kolonialen Administration verbunden wurde.

Insofern war jede Form der Kontrolle des Faktors Arbeit mit einer bestimmten *raza* verbunden. In der Konsequenz konnte die Kontrolle einer spezifischen Arbeitsform zugleich die Kontrolle einer spezifischen Gruppe beherrschter Menschen sein. Eine neue Technologie der Herrschaft/Ausbeutung, in diesem Fall *raza*/Arbeit, vermittelte sich so, dass ihre Elemente naturgemäß zusammenzugehören schienen. Bis heute ist dies außerordentlich erfolgreich.

KOLONIALITÄT UND DIE »EUROZENTRIERUNG« DES GLOBALEN KAPITALISMUS

Die privilegierte Position, die die herrschenden Weißen mit Amerika für die Kontrolle über Gold, Silber und andere Waren errungen hatten, die mittels der unentgeltlichen Arbeit von *Indios*, *Schwarzen* und *Mestizen* produziert wurden, sowie der vorteilhafte Standort am Atlantik, wo sich zwangsläufig der Handel mit diesen Waren für den Weltmarkt abspielte, gewährte diesen Weißen einen entscheidenden Vorteil im Wettbewerb um die Kontrolle der Welthandelsströme. Die zunehmende, von den Edelmetallen Amerikas vorangetriebene und ermöglichte Monetarisierung des Weltmarktes und die Kontrolle über diese enormen Ressourcen machte es jenen Weißen möglich, das weitreichende, bereits existierende Handelsnetz zu kontrollieren, das vor allem China, Indien, Ceylon, Ägypten, Syrien und den zukünftigen Fernen und Mittleren Osten umfasste. Dies ermöglichte ihnen wiederum, die Kontrolle über das Handelskapital, die Arbeit und die Produktionsmittel im gesamten Weltmarkt zu konzentrieren. All dies wurde später durch die Expansion der kolonialen weißen Herrschaft über die vielfältige Weltbevölkerung verstärkt und befestigt.

Es ist bekannt, dass die Kontrolle über den globalen Handelsverkehr von Seiten der in der Atlantikregion ansässigen herrschenden Gruppen, ob diese neu waren oder nicht, die Grundlagen schuf für einen dort stattfindenden neuen Urbanisierungsprozess, die Ausweitung der Handelsströme unter diesen Gruppen und dadurch auch die Herausbildung eines regionalen Marktes, der sich aufgrund des Zuflusses amerikanischer Edelmetalle zunehmend vernetzte und monetarisierte. Eine historisch neue Region konstituierte sich als neue geokulturelle *Id-Entität*: Europa und genauer Westeuropa.[7] Diese neue geokulturelle *Id-Entität* entstand als zentraler Ort der Kontrolle über den Weltmarkt. In der gleichen historischen Bewegung wurde die Hegemonie der Mittelmeerküste und der Küstenregionen der Iberischen Halbinsel vom Nordwestlichen Atlantik abgelöst.

Die Tatsache, der Hauptsitz des neuen globalen Marktes zu sein, erlaubt es nicht an sich oder für sich allein zu erklären, warum Europa außerdem bis zum 19. Jahrhundert und praktisch bis zur globalen Krise um 1870 zum zentralen Ort wurde, an dem sich der Prozess einer Kommodifizierung von Arbeitskraft vollzog; das heißt, die Entwicklung des Verhältnisses Kapital-Lohnarbeit als einer spezifischen Form von Kontrolle über den Faktor Arbeit, seine Ressourcen und Produkte. Die restlichen, in den neuen globalen Markt eingebundenen Regionen und Gesellschaften, die unter europäischer Herrschaft kolonisiert worden waren oder es gerade wurden, verblieben im Grunde in nicht-lohnbasierten Arbeitsverhältnissen, obwohl diese Arbeit, ihre Ressourcen und Produkte sich selbstverständlich zu einer Kette des Transfers von

---

7 Fernando Coronil hat in »Beyond Occidentialism: Toward Nonimperial Geohistorical Categories«, in *Cultural Anthropology*, vol. 11, No. 1, Februar 1996, S. 51-87, die Konstruktion der Kategorie des *Westens* als Teil der Formierung einer Globalmacht diskutiert.

Werten und Gewinnen artikulierten, deren Kontrolle Westeuropa übernahm. In den nicht-europäischen Regionen konzentrierte sich die Lohnarbeit fast ausschließlich auf die Weißen.

Nichts im gesellschaftlichen Kapitalverhältnis oder in den Mechanismen des Weltmarkts und allgemein im Kapitalismus impliziert die historische Notwendigkeit der Konzentration von Lohnarbeit nicht nur, aber vor allem in Europa, und später genau auf dieser Grundlage die Notwendigkeit einer Konzentration der kapitalistischen Industrieproduktion ebendort über mehr als zwei Jahrhunderte. Ebenso möglich wäre die westeuropäische Kontrolle über die Lohnarbeit aller Bevölkerungssektoren der Welt gewesen, wie es ja die Tatsache zeigt, dass dies nach 1870 wirklich geschah und den Westeuropäern möglicherweise einen größeren Vorteil einbrachte. Die Erklärung ist also an anderer historischer Stelle zu suchen.

Tatsache ist, dass die zukünftigen Europäer schon seit den Anfängen Amerikas die unbezahlte oder nicht-lohnbasierte Arbeit mit den beherrschten *razas* assoziierten, da diese für sie minderwertige *razas* waren.

Der umfassende Genozid an den Indios in den ersten Jahrzehnten der Kolonialisierung wurde im Wesentlichen nicht durch die Gewalt der *conquista* oder die von den Eroberern eingeschleppten Krankheiten verursacht, sondern durch die Tatsache, dass jene *Indios* als entbehrliche Arbeitskräfte ausgenutzt und gezwungen wurden, bis zum Tode zu arbeiten. Die Abschaffung dieser Praktiken findet tatsächlich erst mit der Niederlage der *encomenderos*[8] Mitte des 16. Jahrhunderts statt. Die darauffolgende politische Reorganisation des iberischen Kolonialismus bedeutete eine neue Politik der Bevölkerungsorganisation für die *Indios* und für ihr Verhältnis zu den Kolonialherren. Deshalb wurden die *Indios* von nun an aber nicht freie Lohnarbeiter. Sie wurden vielmehr der unbezahlten Leibeigenschaft zugeordnet. Die Leibeigenschaft der *Indios* in Amerika ist allerdings nicht einfach mit der Leibeigenschaft im europäischen Feudalismus gleichzusetzen, denn sie beinhaltete nicht, von einem Feudalherren beschützt zu werden und auch nicht immer und nicht notwendigerweise statt eines Lohns den Besitz eines Stücks Land für den eigenen Anbau. Vor allem vor der Unabhängigkeit fand die Reproduktion von Arbeitskraft des *Indio*-Leibeigenen in den Gemeinden statt. Doch sogar über hundert Jahre nach der Unabhängigkeit musste ein großer Teil der indigenen Leibeigenschaft ihre Arbeitskraft aus eigener Kraft reproduzieren.[9] Die andere

---

8 Im spanischen Kolonialismus wurden den *encomenderos* rechtlich indigene Gemeinden zugesprochen – nicht als Sklaven, doch tatsächlich waren die Unterschiede zwischen *encomienda* und Sklaverei gering. Die *encomenderos* trieben Abgaben ein und sollten im Gegenzug Schutz bieten [Anm. d.Ü.].

9 Das fand laut persönlicher Kommunikation Alfred Metraux, der bekannte französische Anthropologe, Ende der 50er Jahre im Süden Perus vor. Dasselbe beobachtete ich 1963 in Cusco: Ein Indio-Landarbeiter, der verpflichtet war, von seinem Dorf in La Convención in die Stadt zu reisen, um seine Schicht anzutreten: Eine Woche lang seinen *Patrones* zu Diensten zu sein. Doch jene versorgten ihn weder mit Unterkunft noch mit Nahrungsmitteln und natürlich auch nicht mit einem Lohn. Metraux vertrat die Ansicht, diese Situation ähnele eher

Form nicht lohnbasierter oder einfach nicht bezahlter Arbeit, die Sklavenarbeit, wurde ausschließlich der Bevölkerung zugeordnet, die aus dem zukünftigen Afrika geholt und als Schwarz bezeichnet wurde.

Die rassialisierte Klassifizierung der Bevölkerung und die frühe Assoziation der neuen rassialisierten Identitäten der Kolonisierten mit den unbezahlten, nicht entlohnten Kontrollformen über die Arbeit führte bei Europäern oder Weißen zu der besonderen Wahrnehmung, dass bezahlte Arbeit ein Privileg der Weißen sei. Die rassialisierte Minderwertigkeit der Kolonisierten bedeutete, dass sie einer Auszahlung von Lohn nicht würdig waren. Sie mussten von Natur aus zum Nutzen ihrer Herren arbeiten. Es ist auch heute nicht schwer, diese verbreitete Einstellung bei weißen Grundbesitzern überall auf der Welt zu finden. Der geringere Lohn der niedrigeren *razas* für die gleiche Arbeit wie die der Weißen in den heutigen kapitalistischen Zentren ließe sich zudem nicht ohne die rassistische gesellschaftliche Klassifizierung der Weltbevölkerung – in anderen Worten, nicht getrennt von der Kolonialität der globalen kapitalistischen Macht – erklären.

So konstituierte sich die Kontrolle über den Faktor Arbeit im neuen Muster globaler Macht, indem alle historischen Kontrollformen über den Faktor Arbeit um das Verhältnis Kapital-Lohnarbeit herum und unter dessen Herrschaft artikuliert wurden. Doch diese Artikulation war von Grund auf kolonial,

---

dem römischen Kolonisierungssystem des 4. Jhdts. n. Chr., als dem europäischen Feudalismus.

denn sie stützte sich erstens auf die Zuschreibung aller unbezahlter Formen von Arbeit zu den kolonisierten *razas*, zunächst *Indios*, *Schwarze* und etwas komplexer *Mestizen* in Amerika und später den weiteren kolonisierten *razas* in der restlichen Welt, *Olivfarbene* und *Gelbe*. Zweitens stützte sie sich auf die Zuschreibung von bezahlter, entlohnter Arbeit zur kolonisierenden *raza*, den *Weißen*.

Diese Kolonialität der Kontrolle über den Faktor Arbeit bestimmte die geografische Verteilung jeder in den Weltmarkt eingebundenen Form. Anders ausgedrückt, diese Kolonialität war für die gesellschaftliche Geografie des Kapitalismus entscheidend: Das Kapital, als gesellschaftliches Kontrollverhältnis über die Lohnarbeit, war die Achse, um die herum sich alle weiteren Formen von Kontrolle über die Arbeit, ihre Ressourcen und Produkte gruppierten. Das machte sie zur vorherrschenden Kategorie über alle anderen und gab dem Gefüge dieser Kontrollstruktur kapitalistischen Charakter. Zugleich aber konzentrierte sich dieses besondere gesellschaftliche Verhältnis geografisch in Europa und sozial vor allem bei Europäern in der ganzen kapitalistischen Welt. In diesem Maße und auf diese Weise konstituierten sich Europa und das Europäische als Zentrum der kapitalistischen Welt.

Als Raúl Prebisch[10] das berühmte Bild von »Zentrum und Peripherie« prägte, um die globale

---

[10] Vgl. Raúl Prebisch, »Commercial policy in the Underdeveloped Countries«, in *American Economic Review*, vol. XLIX, No. 2, Mai 1959, S. 251-273. Außerdem *The Economic Development in Latin America and its Principal Problems*, ECLAC,

Gestaltung des Kapitalismus nach dem Zweiten Weltkrieg zu beschreiben, wies er bewusst oder unbewusst auf den historischen Kern des Kontrollmusters über die Arbeit, ihre Ressourcen und Produkte hin, das ein zentraler Teil des neuen, von Amerika aus konstituierten globalen Machtmodells war. Der globale Kapitalismus war von Beginn an kolonial/modern und eurozentriert. Ohne es in klaren Bezug zu diesen besonderen historischen Charakteristika des Kapitalismus zu setzen, könnte selbst das Konzept des »modernen Weltsystems«, was vor allem Immanuel Wallerstein[11] im Anschluss an Prebisch und das marx'sche Konzept vom globalen Kapitalismus entwickelte, weder angeeignet noch vollständig verstanden werden.

NEUES MUSTER GLOBALER MACHT UND NEUE GLOBALE INTERSUBJEKTIVITÄT

In seiner Eigenschaft als Zentrum des globalen Kapitalismus hatte Europa nicht nur die Kontrolle über den Weltmarkt, sondern konnte seine koloniale Herrschaft in allen Regionen und Gesellschaften des Planeten durchsetzen und diese ins sich dadurch konstituierende »Weltsystem« und dessen spezifisches Machtmuster einfügen. Für jene Regionen und Ge-

---

United Nations, New York, 1950; Werner Baer, »The Economics of Prebisch and ECLA«, in *Economic Development and Cultural Change*, vol. X, Januar 1962, S. 169-182.

11 Zu Immanuel Wallerstein insbesondere: *Das modern Weltsystem, Bände I-IV*. Wien: Promedia 2012.

sellschaften bedeutete das einen Prozess *historischer Neu-Identifikation*, denn von Europa aus wurden ihnen neue geokulturelle Identitäten zugeschrieben. Auf diese Weise wurden nach Amerika und Europa, Afrika, Asien und schließlich Ozeanien etabliert. In der Produktion dieser neuen Identitäten war die Kolonialität des neuen Machtmodells zweifellos eine der wirksamsten Bestimmungsfaktoren. Doch auch die Ausprägungen und das Niveau der politischen und kulturellen, genauer der intellektuellen Entwicklung spielten in den einzelnen Fällen eine zentrale Rolle. Ohne diese Faktoren wäre die Kategorie des *Orients* nicht als einzige entwickelt worden, die würdig war, das Andere, wenn auch per definitionem minderwertige, des *Okzidents* zu sein, ohne dass etwas Vergleichbares für die *Indios* und *Schwarzen* geschaffen worden wäre.[12] Doch eben diese Auslassung verdeutlicht, dass auch diese anderen Faktoren im universalen rassistischen Muster gesellschaftlicher Klassifizierung der Weltbevölkerung mitwirkten.

Die Einbindung solch diverser und heterogener kultureller Geschichten in eine einzige, von Europa

---

12 Über den Prozess der Produktion von neuen historisch-geokulturellen Identitäten, vgl. Edmundo O'Gorman, *La invención de América*, Fondo de Cultura Económica, México, 1954; José Rabasa, *Inventing America*, Oklahoma University Press, Norman, 1993; Enrique Dussel, *The Invention of the Americas*, Continuum, New York, 1995; Valentin-Yves Mudimbe, *The Invention of Africa. Gnosis, Philosophy and the Order of Knowledge*, Bloomington University Press, Bloomington, 1988; Charles Tilly, *Coercion, Capital and European States AD 990-1992*, Blackwell, Cambridge, 1990; Edward Said, *Orientalism*, Vintage Books, New York, 1979; Fernando Coronil, op. cit.

beherrschte Welt bedeutete für diese Welt eine kulturelle, intellektuelle, also intersubjektive Konfiguration, die der Artikulation aller Formen der Kontrolle über die Arbeit rund um das Kapitalverhältnis entsprach, um den globalen Kapitalismus zu errichten. Tatsächlich wurden schließlich alle kulturellen Erfahrungen, Geschichten, Ressourcen und Produkte in eine einzige globale kulturelle Ordnung eingebunden und drehten sich um die europäische oder westliche Hegemonie. Mit anderen Worten versammelte Europa als Teilelement des neuen globalen Machtmodells schließlich unter ihrer Hegemonie alle Kontrollformen über die Subjektivität, die Kultur und besonders über das Wissen, die Produktion von Wissen.

Im Prozess, der zu diesem Ergebnis führte, verweisen die verschiedenen Tätigkeiten der Kolonialherren auf die Bedingungen, die zur Konfiguration eines neuen Universums an intersubjektiven Herrschaftsverhältnissen zwischen Europa und dem Europäischen und den restlichen Regionen und Gesellschaften der Welt führten, wobei den letzteren im gleichen Vorgang neue geokulturelle Identitäten zugeschrieben wurden. Erstens enteigneten sie jene kulturellen Entdeckungen der kolonisierten Bevölkerungen, die sich für die Entwicklung des Kapitalismus am geeignetsten und für das europäische Zentrum von Vorteil erwiesen. Zweitens unterdrückten sie soweit wie möglich, also je nach Fall unterschiedlich, die Formen der Wissensproduktion der kolonisierten Bevölkerung, ihre Muster der Sinnstiftung, ihr symbolisches Universum und ihre Formen des Ausdrucks sowie der Objektivierung ihrer Subjektivität. Die

Repression in diesem Bereich war bekannterweise für die *Indios* in Iberoamerika gewaltförmiger, tiefgreifender und langfristiger, da sie zu einer bäuerlichen, ungebildeten Subkultur verurteilt und ihres objektivierten intellektuellen Erbes beraubt wurden. Etwas Ähnliches geschah in Afrika. Zweifellos war die Repression im Fall Asiens wesentlich weniger heftig, und so konnte dort zumindest ein bedeutender Teil der Geschichte und des niedergeschriebenen intellektuellen Erbes bewahrt werden. Eben das war der Ursprung für die Kategorie des Orients. Drittens wurde die kolonisierte Bevölkerung, auch je nach Fall unterschiedlich, dazu gezwungen, die Kultur der Herrschenden teilweise zu erlernen. Dies betraf all das, was für die Reproduktion der Herrschaft nützlich war, sei es im Bereich der materiellen, technologischen oder subjektiven, vor allem aber religiösen Tätigkeiten, wie im Fall der jüdisch-christlichen Religiosität. Der gesamte hindernisreiche Prozess implizierte langfristig eine Kolonisierung der kognitiven Perspektiven, der Produktionsweisen und der Art und Weise, materiellen oder intersubjektiven Erfahrungen Sinn zu verleihen, der Vorstellungswelt (*imaginario*), des Universums intersubjektiver Beziehungen in der Welt, kurz der Kultur.[13]

---

[13] Zu diesen Fragestellungen vgl. George W. Stocking Jr., *Race, Culture and Evolution. Essays in the History of Anthropology*, The Free Press, New York, 1968; Robert J.C. Young: *Colonial Desire. Hybridity in Theory, Culture and Race*, Routledge, London, 1995. Aníbal Quijano, »Colonialidad y modernidad/racionalidad«, op. cit. Außerdem »Colonialidad del poder, cultural y conocimiento en América Latina, in *Anuario Mariateguiano*, vol. IX, no. 9, Lima, 1997, S. 113-122; und

Die erfolgreiche Verwandlung Westeuropas zum Zentrum des modernen Weltsystems, Wallersteins treffender Formulierung zufolge, ließ in den Europäern einen Wesenszug entstehen, der allen kolonialen und imperialen Herrschern in der Geschichte gemein ist, den *Ethnozentrismus*. Doch im europäischen Fall hatte diese Eigenschaft eine besondere Grundlage und Rechtfertigung, nämlich die rassialisierte Klassifizierung der Weltbevölkerung. Das Zusammenwirken beider Phänomene, des kolonialen Ethnozentrismus und der universellen rassialisierten Klassifizierung, hilft zu erklären, warum die Europäer sich den anderen Bevölkerungsgruppen (*pueblos*) der Welt nicht nur überlegen fühlten, sondern vor allem *von Natur aus* überlegen. Dieser historische Sachverhalt drückte sich in einem mentalen Vorgang aus, der für das ganze globale Machtmuster fundamental war, vor allem in Bezug auf die hegemonialen intersubjektiven Beziehungen und besonders in Bezug auf das Verständnis von Wissen: Die Europäer stellten eine neue zeitliche Perspektive der Geschichte her und verorteten die kolonisierten Bevölkerungsgruppen (*pueblos*), ebenso wie ihre jeweiligen Geschichten und Kulturen neu in der Vergangenheit eines historischen Entwicklungspfads, dessen Höhe-

---

»Réflexions sur l'Interdisciplinarité, le Développement et les Relations Inter culturelles«, in *Entre Savoir. Interdisciplinarité en acte: enjeux, obstacles, résultats*. UNESCO-ERES, Paris, 1992; Serge Gruzinski, *La colonisation de l'imaginaire. Sociétés indigènes et occidentalisation dans le Mexique espagnol XVI-XVIII siècle*, Gallimard, París, 1988.

punkt Europa war.[14] Bemerkenswerterweise wurden sie nicht in derselben Kontinuitätslinie wie die Europäer, sondern in einer anderen, von ihrer Natur her unterschiedenen Kategorie verortet. Die kolonisierten Bevölkerungs gruppen (*pueblos*) waren *minderwertige razas* und wurden – daher – zeitlich *vor* den Europäern *verortet.*

Übereinstimmend mit dieser Perspektive wurden Modernität und Rationalität ausschließlich als europäische Erfahrungen und Erzeugnisse imaginiert. Aus diesem Blickwinkel wurden die intersubjektiven und kulturellen Beziehungen zwischen Europa, also Westeuropa, und dem Rest der Welt in einem ganzen Set neuer Kategorien kodifiziert: Orient-Okzident, primitiv-zivilisiert, magisch/mythisch-wissenschaftlich, irrational-rational, traditionell-modern; kurz, Europa und Nicht-Europa. Auch in dieser Hinsicht war der »Orient« die einzige Kategorie, der die Ehre zuteil wurde, als das Andere Europas oder des »Westens« anerkannt zu werden. Nicht die »Indios« Amerikas, auch nicht die »Schwarzen« Afrikas. Diese waren einfach »primitiv«. *Raza* ist ohne Zweifel die entscheidende Kategorie, die dieser Kodifizierung des Verhältnisses

---

[14] Vgl. Walter Mignolo, *The Darker Side of the Renaissance. Literacy, Territoriality and Colonization*, Michigan University Press, Ann Arbor, 1995; James Morris Blaut, *The Colonizers Model of the World. Geographical Diffusionism and Eurocentric History*, The Guilford Press, New York, 1993; und Edgardo Lander, »Colonialidad, modernidad, postmodernidad«, in *Anuario Mariateguiano*, vol. IX, no. 9, Lima, 1997, S. 122-131.

von europäisch/nicht-europäisch zugrunde liegt.[15] Dieses binäre, dualistische Verständnis von Wissen als besonderem Element des Eurozentrismus setzte sich als weltweit hegemonial durch, während sich zugleich die koloniale Herrschaft Europas über die Welt ausbreitete. Es wäre anders nicht oder jedenfalls nicht zufriedenstellend zu erklären, wie der Eurozentrismus und die eurozentrische Version der Moderne und ihre zwei hauptsächlichen Gründungsmythen als hegemoniale Wissensperspektive aufbereitet werden konnten: Zum einen die Idee/das Bild der menschlichen Zivilisationsgeschichte als einem Entwicklungspfad, der in einem Naturzustand beginnt und in Europa seinen höchsten Ausdruck findet. Und zum zweiten die Interpretation der Unterschiede zwischen Europa und Nicht-Europa als (rassialisierte) Wesensunterschiede, und nicht als Differenzen, die sich aus der Geschichte der Macht ergeben. Beide Mythen kann man zweifelsfrei in der Grundlage der Evolutionstheorie und des Dualismus wiedererkennen, zweier Kernelemente des Eurozentrismus.

---

15 Zu den Kategorien, die während der europäischen Kolonialherrschaft in der Welt entstanden, gibt es eine Reihe von Diskussionslinien: Aktuell u.a. »Subaltern studies«, »postcolonial studies«, »cultural studies«, »Multikulturalismus«. Zudem eine prosperierende Bibliografie, die zu lang ist, um hier zitiert zu werden, mit berühmten Namen wie Guha, Spivak, Said, Bhabha, Hall, u.a.

Ich möchte hier keine tiefer gehende Diskussion über die Problematik der Moderne und ihrer eurozentrischen Version beginnen. Ich habe ihr bereits andere Studien gewidmet und werde später auf sie zurückkommen. Besonders will ich die vorliegende Arbeit nicht mit einem Abriss über die Debatte Moderne-Postmoderne und die breite Literatur dazu verlängern. Für die Ziele dieser Arbeit und besonders für den nun folgenden Teil ist es jedoch angemessen, einige Aspekte hervorzuheben.[16]

Die Tatsache, dass die westlichen Europäer sich vorstellten, sie seien der Höhepunkt einer im Naturzustand begonnenen Zivilisationsentwicklung, führte dazu, dass sie sich auch als die *Modernen* der Menschheit und ihrer Geschichte sahen, das heißt *als das Neue und zugleich das am weitesten Entwickelte der Spezies*. Doch dadurch, dass sie gleichzeitig dem Rest der Spezies zuschrieben, zu einer auf natürliche Weise unterlegenen und deshalb zeitlich vorgeordneten Kategorie zu gehören – also im Entwicklungsprozess der Spezies zur Vergangenheit –, imaginierten sich die Europäer nicht nur als die ausschließlichen Träger einer solchen Moderne, sondern ebenso als deren ausschließliche Schöpfer und Protagonisten.

---

[16] Von meinen früheren Forschungen vgl. vor allem *Modernidad, Identidad y Utopía en América Latina*, Ediciones Sociedad y Política, Lima, 1988; »Colonialidad y modernidad/racionalidad«, bereits zitiert; und »Estado-nación, ciudadanía y democracia: cuestiones abiertas«, in Helena González und Heidulf Schmidt (Hg.), *Democracia para una nueva sociedad*, Nueva Sociedad, Caracas, 1998, S. 139-158.

Das Bemerkenswerte daran ist nicht, dass die Europäer so über sich und den Rest der Spezies dachten – das ist kein Privileg der Europäer –, sondern die Tatsache, dass sie in der Lage waren, jene historische Denkweise zu verbreiten und im neuen intersubjektiven Universum des globalen Machtmodells als hegemonial zu verankern.

Selbstverständlich ließ intellektueller Widerstand gegen diese historische Denkweise nicht auf sich warten. In Lateinamerika gab es ihn schon gegen Ende des 19. Jahrhunderts, er behauptete sich aber vor allem während des 20. Jahrhunderts und besonders nach dem Zweiten Weltkrieg im Zusammenhang mit der Debatte um die Problematik von Entwicklung-Unterentwicklung. Diese Debatte wurde einige Zeit lang von der sogenannten Modernisierungstheorie[17] beherrscht, in ihren gegensätzlichen Strömungen. Dabei war eines der meistgenutzten Argumente, dass die Moderne ein Phänomen aller Kulturen und nicht nur der europäischen oder westlichen ist, um zu unterstreichen, dass die Modernisierung nicht notwendigerweise die Verwestlichung der nicht-europäischen Gesellschaften und Kulturen bedeuten muss.

Wenn sich das Konzept der Moderne nur oder hauptsächlich auf die Ideen von Neuheit, Fortschritt, Rationalität, Wissenschaft, Laizismus und Sekularität bezieht – jene Ideen, die normalerweise mit dem Konzept assoziiert werden –, gibt es keinen Zweifel,

---

17 Es gibt eine breite Literatur zu dieser Debatte. Eine Zusammenfassung findet sich in meinem Text »El fantasma del desarrollo en América Latina«, in *Revista venezolana de economía y ciencias sociales*, no. 2, 2000, S. 73-90.

dass das Phänomen in allen Kulturen und allen historischen Epochen vorkommen kann. Mit all den jeweiligen Besonderheiten und Unterschieden zeigen alle dem jetzigen Weltsystem vorhergegangenen sogenannten *Hochkulturen* (China, Indien, Ägypten, Griechenland, Maya-Azteca, Tawantinsuyo) unvermeidlich Zeichen dieser Moderne, einschließlich dem Element des Rational-Wissenschaftlichen, der Säkularisierung des Denkens und so weiter. Es wäre auf dem jetzigen Stand der historischen Forschung wirklich fast lächerlich, diesen nicht-europäischen Hochkulturen als Erkennungsmerkmal eine mythisch-magische Mentalität zuzuschreiben, zum Beispiel im Gegensatz zu Rationalität und Wissenschaft als Charakteristika Europas. Denn abgesehen von den möglichen oder vielmehr vermuteten symbolischen Inhalten zeugen die Städte, Tempel und Paläste, die Pyramiden und Monumentalbauten, ob Machu Picchu oder Boro Budur, die Bewässerungssysteme, die großen Transportwege, die Metall- und Agrartechnologien, die Mathematik und Kalender, die Schriften, die Philosophie, die Geschichten, die Waffen und Kriege von der wissenschaftlichen und technologischen Entwicklung in jeder einzelnen dieser Hochkulturen weit vor der Formierung Europas als einer neuen Id-Entität. Das Äußerste was man behaupten kann ist, dass man in der aktuellen Phase die wissenschaftlich-technologische Entwicklung weitergeführt hat, und dass größere Entdeckungen und Umsetzungen mit Europa und allgemein dem Westen in hegemonialer Rolle stattgefunden haben.

Verteidiger des europäischen Anspruchs auf die Moderne berufen sich gewöhnlich auf die kulturelle Geschichte der alten hellenisch-römischen Welt und auf die Welt des Mittelmeers vor der Existenz Amerikas, um ihren exklusiven Anspruch darauf zu legitimieren. An diesem Argument ist kurios, dass es erstens unterschlägt, dass der tatsächlich entwickelte Teil dieser Welt des Mittelmeerraums islamisch-jüdisch war. Zweitens war es in dieser Welt, in der das griechisch-römische Erbe, die Städte, der Handel, die handelsorientierte Landwirtschaft, der Bergbau, das Textilhandwerk, die Philosophie und die Geschichte bewahrt wurden, während das zukünftige Westeuropa von Feudalismus und kulturellem Obskurantismus beherrscht war. Drittens entstand die Kommerzialisierung von Arbeitskraft, das Verhältnis Kapital-Lohnarbeit, sehr wahrscheinlich genau in jener Region und breitete sich in seiner Entwicklung später in den Norden des zukünftigen Europas aus. Viertens, nach der Niederschlagung des Islam und der späteren Verlagerung von Hegemonie über den Weltmarkt in den mittleren Norden des zukünftigen Europas, begann sich erst nach Amerika das Zentrum kultureller Aktivität auch in diese neue Region zu verschieben. Daher bringt die neue Perspektive auf die Geografie von Geschichte und Kultur, die dort ausgearbeitet und als weltweit hegemonial durchgesetzt wird, sicherlich eine neue Geografie der Macht mit sich. Die Vorstellung von Okzident-Orient selbst taucht spät auf und geht von der britischen Hegemonie aus. Oder muss wirklich noch jemand daran erinnert werden, dass der Greenwich-Meridian London durchzieht und nicht Sevilla oder Venedig?[18]

Insofern ist der eurozentrische Anspruch, die ausschließliche Produzentin und Protagonistin der Moderne zu sein, so dass jede Modernisierung nichteuropäischer Gesellschaften auch zu einer Europäisierung führt, eine ethnozentrische Behauptung und letztendlich provinziell. Aber andererseits wäre die Frage, die wir an die historische Erfahrung stellen würden, nicht anders als die Frage, die der europäische Ethnozentrismus stellt, wenn man zugesteht, dass das Konzept der Moderne sich nur auf Rationalität, Wissenschaft, Technologie bezieht usw. Die Debatte würde sich lediglich um die Echtheit und Exklusivität des Eigentums über das als Moderne bezeichnete Phänomen drehen und sich demzufolge auf dem gleichen Terrain und in der gleichen Perspektive des Eurozentrismus bewegen.

Es gibt jedoch ein Bündel von Komponenten, die nachweislich auf ein anderes Konzept von Moderne verweisen, das einen historischen, dem jetzigen Weltsystem eigenen Prozess verdeutlicht. In diesem Konzept fehlen selbstverständlich seine vorherigen Bezugspunkte und Charakteristika nicht. Sie werden jedoch als Teil eines Universums materieller, intersubjektiver und gesellschaftlicher Verhältnisse betrachtet, deren zentrales Problem die Befreiung der Menschheit ist, als historisches Ziel der Gesellschaft und damit auch als ihr zentrales Konfliktfeld. Am

---

[18] Vgl. Hierzu die scharfen Beobachtungen von Robert J. C. Young, op. cit.

Rande dieser Arbeit werde ich mich darauf beschränken, nur kurz und schematisch ein paar Vorschläge zu machen.[19]

Zunächst ist das jetzige globale Machtmuster das erste in der bekannten Geschichte, das sich tatsächlich auf die gesamte Welt ausdehnt, und zwar in mehrfacher Hinsicht. *Zum Ersten* ist es das erste Machtmuster, in dem in jedem Bereich gesellschaftlicher Existenz alle historisch bekannten Formen von Kontrolle über die entsprechenden gesellschaftlichen Beziehungen miteinander verbunden sind. Sie formen so in jedem Bereich eine einzige Struktur mit systematischem Verhältnis zwischen ihren Einzelteilen sowie in ihrer Gesamtheit. *Zum Zweiten* ist es das erste, in dem jede dieser Strukturen in allen Bereichen gesellschaftlicher Existenz der Hegemonie einer Institution unterliegt, die innerhalb des Formations- und Entwicklungsprozesses eben dieses Machtmusters erzeugt wurde. So ist es in der Kontrolle über die Arbeit, ihre Ressourcen und Ergebnisse das kapitalistische Unternehmen; in der Kontrolle über die Geschlechtlichkeit, ihre Ressourcen und Ergebnisse, die bürgerliche Familie; in der Kontrolle über die Machtbefugnisse, ihre Ressourcen und Ergebnisse, der Nationalstaat; in der Kontrolle über die Intersubjektivität, der Eurozentrismus.[20] *Zum Dritten* existiert jede die-

---

[19] Eine ausführlichere Diskussion findet sich in »Modernidad y democracia: intereses y conflictos« in *Anuario Mariateguiano*, vol. XII, no. 12, Lima, 2000.

[20] Zu den theoretischen Modellen dieses Machtbegriffs vgl. »Coloniality of Power and its Institutions«. Vortrag im Rahmen der *2nd Annual Conference of the Coloniality Working*

ser Institutionen in Interdependenzverhältnissen mit jeder der anderen, weshalb das Machtmuster als System gestaltet ist.[21] *Zum Vierten* schließlich ist dieses Machtmuster das erste, das die gesamte Bevölkerung des Planeten umfasst.

In diesem besonderen Sinne konstituiert die gegenwärtige Menschheit in ihrer Gänze das erste historisch bekannte *globale Weltsystem*, und nicht nur eine *Welt* wie sie vielleicht die chinesische, die hindu-, die ägyptische, die hellenisch-römische, die maya-aztekische oder die tawantinsuyo-Welt waren. Keine dieser möglichen Welten hatte mehr als einen kolonialen/imperialen Herrscher gemein, und obwohl dies aus kolonialer eurozentrischer Sichtweise behauptet wird, ist es nicht sicher, dass alle Bevölkerungsgruppen (*pueblos*), die in eine jener Welten eingebunden waren, auch eine grundlegende Perspektive im Hinblick auf die Beziehung zwischen den Menschen und dem Rest des Universums teilten. Die kolonialen Herrscher jeder dieser Welten hatten nicht die Ressourcen und wohl auch kein Interesse, die grundlegenden Formen gesellschaftlicher Existenz

---

Group: World Historical Sites of Colonial Disciplinary Practices: The Nation-State, the Bourgeois Family, and the Enterprise, Binghamton University, New York, 22.-24. April 1999 (unveröffentlichtes Manuskript).

21 In dem Sinne, in dem die Beziehungen zwischen den Teilen und der Gesamtheit nicht beliebig sind und letztere Hegemonie über die Teile ausübt in der Orientierung darüber, wie sich das Ensemble bewegt. Nicht im systemischen Sinne, in dem die Beziehung der Teile untereinander und zum Ganzen logisch-funktional wären. Dies geschieht nur in Maschinen und Organismen, nie in gesellschaftlichen Beziehungen.

aller Gesellschaften in ihrem Herrschaftsbereich zu homogenisieren. Dagegen hat das aktuelle Weltsystem, das sich in Amerika auszuformen begann, drei zentrale Komponenten, die das alltägliche Leben der gesamten Weltbevölkerung betreffen: die *Kolonialität der Macht*, den *Kapitalismus* und den *Eurozentrismus*. Selbstverständlich kann dieses Machtmuster und auch jedes andere nicht implizieren, dass die historisch-strukturelle Heterogenität aus seinem Herrschaftsbereich verschwunden sei. Seine Globalität bedeutet, dass es eine grundlegende Ebene gemeinsamer sozialer Praktiken für alle gibt und eine intersubjektive Sphäre, die als zentrale Sphäre der gemeinsamen Werteorientierung für die Gesamtheit fungiert. Deshalb sind die hegemonialen Institutionen in allen Bereichen der gesellschaftlichen Existenz als intersubjektive Modelle universal für die Weltbevölkerung – etwa der Nationalstaat, die bürgerliche Familie, das Unternehmen und die eurozentrische Rationalität.

Insofern bindet der Begriff der Moderne, was auch immer er zu sein vorgibt, heute die gesamte Weltbevölkerung und ihre gesamte Geschichte der letzten 500 Jahre ein, alle Welten oder ehemaligen Welten, die in das globale Machtmuster einbezogen sind, alle ihre differenzierten oder differenzierbaren Komponenten. Denn der Begriff der Moderne konstituierte sich gemeinsam mit und als Teil der historischen Neudefinition oder Rekonstitution jeder dieser Elemente, durch ihre Eingliederung in das neue und gemeinsame globale Machtmuster. Insofern konstituierte sich der Begriff der Moderne auch als Artikulation vieler Rationalitäten. Da es sich um eine neue und unterschiedliche Geschichte handelt, mit spezifischen Erfahrungen, können die Fragen, die diese Geschichte erlaubt und zu stellen drängt, innerhalb des eurozentrischen Konzepts von Moderne weder untersucht und noch viel weniger beantwortet werden. Aus diesem Grund wäre es sinnlos darüber zu streiten, ob das Phänomen der Moderne ausschließlich europäisch sei oder in allen Kulturen vorkomme. Es handelt sich um etwas Neues und Anderes, dem globalen Machtmuster Eigenes. Will man den Namen weiter nutzen, muss es in jedem Fall um eine andere Moderne gehen.

Die zentrale Frage, die uns hier interessiert, ist die folgende: Was ist tatsächlich das Neue an der Moderne? Nicht nur das, was Erfahrungen, Tendenzen und Prozesse anderer Welten weiterentwickelt und umdefiniert, sondern das, was in der eigenen Geschichte des aktuellen globalen Machtmusters erzeugt wurde?

Dussel hat die Kategorie der *Transmoderne* als Alternative zum eurozentrischen Anspruch vorgeschlagen, Europa sei der eigentliche Hersteller der Moderne.[22] Diesem Vorschlag zufolge ist die Konstituierung des individuellen und differenzierten Egos das Neue, das mit der Kolonialisierung Amerikas begann; es ist das Merkmal der Moderne, existiert jedoch nicht nur in Europa, sondern in der ganzen Welt, die sich ausgehend von Amerika herausbildet. Dussel trifft das Ziel, wenn er einen der Lieblings-

---

22 Enrique Dussel, *The Invention of the Americas. Eclipse of the Other and the Myth of Modernity*, Continuum, New York, 1995.

mythen des Eurozentrismus zurückweist. Aber es ist nicht sicher, dass das ausdifferenzierte individuelle Ego ein Phänomen ist, das ausschließlich zu der mit Amerika begonnenen Phase gehört.

Es gibt selbstverständlich eine ganz enge Verbindung zwischen den historischen Prozessen, die sich mit Amerika ergeben und den Veränderungen von Subjektivität, oder besser den Veränderungen der Intersubjektivität aller Bevölkerungsgruppen (*pueblos*), die sich in das neue globale Machtmuster einfügen. Diese Veränderungen konstituieren schließlich eine neue, nicht nur individuelle, sondern kollektive Subjektivität, eine Intersubjektivität. Das ist daher ein neues Phänomen, das mit Amerika in die Geschichte kommt und das insofern Teil der Moderne ist. Doch wie auch immer sie sein mochten, konstituierten sich diese Veränderungen nicht ausgehend von der individuellen oder kollektiven Subjektivität der vorher existierenden und auf den Kopf gestellten Welt. Oder, um das alte Bild zu wiederholen: diese Veränderungen werden nicht wie Minerva aus dem Kopf des Zeus geboren, sondern sind subjektiver oder intersubjektiver Ausdruck dessen, was die Menschen auf der Welt in jenem Moment tun.

Aus dieser Perspektive muss anerkannt werden, dass Amerika und seine unmittelbaren Konsequenzen auf dem Weltmarkt und in der Ausprägung eines neuen globalen Machtmusters wirklich einen enormen *historischen Wandel* darstellen, der nicht nur Europa, sondern die gesamte Welt betrifft. Es sind keine Veränderungen innerhalb der bekannten Welt, die nur einige ihrer Charakteristika veränderte. *Es geht um einen Wandel der Welt als solcher.* Das ist unbestreitbar das grundlegende Merkmal der neuen Subjektivität: *die Wahrnehmung von historischem Wandel.* Eben dieses Element löst den Konstitutionsprozess für eine neue Perspektive auf die Zeit und die Geschichte aus. Die Wahrnehmung des Wandels führt zur Idee der Zukunft, da dies das einzige zeitliche Terrain ist, auf dem Veränderungen stattfinden können. Die Zukunft ist ein offenes zeitliches Terrain. Die Zeit kann neu sein, denn sie ist nicht nur die Verlängerung der Vergangenheit. Und auf diese Weise kann die Geschichte nicht mehr nur als etwas wahrgenommen werden, das stattfindet, sei es auf natürliche Weise oder durch göttliche oder mysteriöse Entscheidungen wie dem Schicksal bestimmt, sondern als etwas, das durch die Handlung der Menschen, durch ihre Berechnungen, Intentionen und Entscheidungen hervorgerufen werden kann, also als etwas, das projiziert werden kann und folglich Sinn ergibt.[23]

Mit Amerika beginnt also ein ganzes Universum neuer materieller und intersubjektiver Verhältnisse. Es sollte daher zugegeben werden, dass sich der Begriff der Moderne trotz der enormen Bedeutung dieses Prozesses nicht nur auf das bezieht, was mit der Subjektivität geschieht, sei es die Entstehung des individuellen Egos oder eines neuen Universums intersubjektiver Beziehungen zwischen Individuen und zwischen den Bevölkerungsgruppen (*pueblos*), die

---

[23] Vgl. Aníbal Quijano, *Modernidad, Identidad y Utopia en América Latina*, op. cit.

in das neue Weltsystem und sein besonderes globales Machtmuster integriert wurden oder sich gerade integrieren. Das Konzept der Moderne verweist zugleich auf die Veränderungen in der materiellen Dimension der gesellschaftlichen Verhältnisse. Das heißt, dass die Veränderungen in allen Bereichen der sozialen Existenz der Bevölkerungsgruppen (*pueblos*) und daher auch ihrer individuellen Mitglieder stattfinden, sowohl in der materiellen wie in der subjektiven Dimension dieser Verhältnisse. Und da es sich um Prozesse handelt, die mit der Konstituierung Amerikas, einem neuen globalen Machtmuster und der Integration der Bevölkerungsgruppen (*pueblos*) in diesen Prozess beginnen, also mit der Konstituierung eines vollständigen und komplexen Weltsystems, ist es unerlässlich zu sagen, dass es sich um eine gesamte historische Epoche handelt. Anders ausgedrückt konstituiert sich mit Amerika materiell und subjektiv ein neuer Zeit/Raum: das ist es, was das Konzept der Moderne benennt.

Es war jedoch entscheidend für den Prozess der Moderne, dass das hegemoniale Zentrum jener Welt im mittleren Norden Westeuropas lokalisiert war. Das erklärt, warum auch das Zentrum der intellektuellen Konzeptualisierung dieses Prozesses dort angesiedelt war, und warum es diese Version war, die weltweite Hegemonie erlangte. Es trägt auch dazu bei zu erklären, warum die Kolonialität der Macht in dieser eurozentrischen Fassung der Moderne eine Hauptrolle spielte. Letzteres ist nicht schwer zu erkennen, wenn man sich dessen bewusst ist, was bereits dargelegt wurde, nämlich die Art und Weise, wie die Kolonialität der Macht mit der in Europa stattfindenden Konzentration von Kapital, Lohnarbeit und Kapitalmarkt verbunden ist, also mit der Gesellschaft und Kultur, die die mit diesen Bestimmungsfaktoren assoziiert wird. In diesem Sinne war die Moderne von ihrem Anfang her auch kolonial. Aber es trägt auch dazu bei zu verstehen, warum sich die Auswirkungen des globalen Modernisierungsprozesses in Europa sehr viel direkter und unmittelbarer niederschlugen.

In der Tat ist für die neuen gesellschaftlichen Praktiken im Rahmen des globalen, kapitalistischen Machtmusters, der Konzentration von Kapital und Lohnarbeit und des neuen Kapitalmarktes – all dies verbunden mit einer neuen Sichtweise auf die Zeit und die Geschichte und auf die Zentralität der Frage des historischen Wandels in dieser Sichtweise, als Erfahrung und Idee – einerseits eine Ent-Sakralisierung von Hierarchien und Autoritäten erforderlich, sowohl hinsichtlich der materiellen Dimension der gesellschaftlichen Verhältnisse als auch ihre Intersubjektivität betreffend; andererseits auch die Ent-Sakralisierung, Veränderung oder Auflösung der entsprechenden Strukturen und Institutionen. Die Individualisierung der Menschen bekommt nur in diesem Kontext ihren Sinn, weil daraus die Notwendigkeit eines eigenen Spielraums entsteht, um zu denken, zu zweifeln, zu entscheiden; die individuelle Freiheit eben, gegen feste gesellschaftliche Zuschreibungen, und in Folge die Notwendigkeit der gesellschaftlichen Gleichheit zwischen den Individuen.

Im Rahmen der gleichen historischen Entwicklung erforderten die kapitalistischen Determinationen jedoch auch, dass jene materiellen und intersubjektiven gesellschaftlichen Prozesse nur innerhalb sozialer Ausbeutungs- und Herrschaftsverhältnisse stattfinden konnten, also als Konfliktfeld um die Ausrichtung, die Ziele, Mittel und Grenzen dieser Prozesse. Für diejenigen, die die Macht kontrollierten, waren und sind die Kontrolle über Kapital und Markt die Elemente, die über diese Ziele, Mittel und Grenzen des Prozesses entscheiden. Der Markt ist die Grundlage, aber auch die Grenze der möglichen sozialen Gleichheit zwischen den Menschen. Für die vom Kapital Ausgebeuteten und allgemein für die von diesem Machtmuster Beherrschten schuf die Moderne eine Vision von der Befreiung der Menschen von jedem Verhältnis, jeder Struktur oder Einrichtung, die Herrschaft und Ausbeutung bedeuteten; sie schuf aber auch die gesellschaftlichen Bedingungen, um auf diese Vision hinzuwirken. Die Moderne ist also auch eine Frage gesellschaftlicher Interessenskonflikte. Einer davon ist die fortwährende Demokratisierung der gesellschaftlichen Existenz der Menschen. In diesem Sinne ist jedes Konzept von Moderne notwendigerweise ambivalent und widersprüchlich.[24]

Genau in diesem Punkt unterscheidet die Geschichte dieser Prozesse ganz deutlich zwischen Westeuropa und dem Rest der Welt, in diesem Fall Lateinamerika. In Westeuropa ist die Verdichtung des Ver-

---

24 Vgl. Aníbal Quijano, »Estado-nación, ciudadanía y democracia: cuestiones abiertas«, op. cit., sowie Aníbal Quijano, »El fantasma del desarrollo«, op. cit.

hältnisses Kapital-Lohnarbeit die Hauptachse in den Tendenzen der gesellschaftlichen Klassifizierungsverhältnisse und der entsprechenden Machtstruktur. Dies liegt den Konfrontationen mit der alten Ordnung, dem Imperium und dem Papsttum in der Phase des sogenannten Wettbewerbskapitals zugrunde. Diese Konfrontationen erlauben den nicht vorherrschenden Kapitalfraktionen und den Ausgebeuteten, unter besseren Bedingungen ihre Positionierung in der Machtstruktur auszuhandeln und ihre Arbeitskraft zu verkaufen. Auf der anderen Seite eröffnet dies auch die Möglichkeit einer spezifisch bürgerlichen Säkularisierung von Kultur und Subjektivität. Der Liberalismus ist ein klarer Ausdruck dieses materiellen und intersubjektiven gesellschaftlichen Kontextes in Westeuropa. Im Gegensatz dazu sind die am weitest verbreiteten Kontrollformen über den Faktor Arbeit im Rest der Welt und besonders in Lateinamerika nicht lohnbasiert, dienen aber auf globaler Ebene der Kapitalseite, so dass die Ausbeutungs- und Herrschaftsverhältnisse einen kolonialen Charakter haben. Die politische Unabhängigkeit seit dem Beginn des 19. Jahrhunderts wird in der Mehrzahl der neuen Länder von Stagnation und dem Rückzug des Kapitals begleitet und stärkt den kolonialen Charakter der gesellschaftlichen und politischen Herrschaft in formal unabhängigen Staaten. Die Eurozentrierung des kolonialen/modernen Kapitalismus war in diesem

Sinne entscheidend für den unterschiedlichen Verlauf der Moderne in Europa und dem Rest der Welt.[25]

[25] Vgl. Aníbal Quijano, *Modernidad, Identidad y Utopía en América Latina,* op. cit., Aníbal Quijano, »Colonialité du Pouvoir, Démocratie et Citoyenneté en Amérique Latine«, in *Amérique Latine: Démocratie et Exclusion*, L'Harmattan, Paris, 1994, 93-100.

II. KOLONIALITÄT DER MACHT UND EUROZENTRISMUS

Die intellektuelle Konzeptualisierung des Prozesses der Moderne brachte eine Wissensperspektive und eine Art und Weise der Wissensproduktion hervor, die den Charakter des globalen Machtmusters ganz deutlich machen: kolonial/modern, kapitalistisch und eurozentriert. Diese Perspektive und die konkrete Art und Weise der Wissensproduktion werden als Eurozentrismus bezeichnet.[1]

Der Eurozentrismus ist hier der Begriff für eine Erkenntnisperspektive, deren systematische Ausarbeitung in Westeuropa vor der Mitte des 17. Jahrhunderts begann, wenn auch einige ihrer Wurzeln sicherlich wesentlich älter, vielleicht sogar aus dem Altertum sind, und die in den folgenden Jahrhunderten gemeinsam mit der Herrschaft des bürgerlichen Europa weltweit hegemonial wurde. Ihre Konstitution war mit der spezifischen bürgerlichen Säkularisierung der europäischen Denkweisen und mit der Erfahrung und den Anforderungen des globalen kapitalistischen, kolonial/modernen und eurozentrierten Machtmusters verknüpft, das mit Amerika etabliert worden war.

---

1 Die Literatur über die Diskussion zum Eurozentrismus wächst rasch. Eine andere, aber ähnliche Position als die in diesem Artikel vertretene ist die von Samir Amin, *Eurocentrism*, Monthly Review Press, New York, 1989.

Es handelt sich deshalb nicht um eine Kategorie, die auf die gesamte Geschichte der Erkenntnis in ganz Europa oder Westeuropa verweist. Anders gesagt bezieht sie sich nicht auf alle Erkenntnisformen aller Europäer und in allen Epochen, sondern auf eine spezifische Rationalität oder Wissensperspektive, die weltweit hegemonial wird, indem sie alle anderen (vorherigen oder andersartigen) Wissensperspektiven und deren jeweiliges konkretes Wissen kolonisiert und sich ihnen überstülpt, sowohl in Europa als auch im Rest der Welt. Im Rahmen dieser Arbeit diskutiere ich einige dieser Thematiken, die am direktesten mit der historischen Erfahrung Lateinamerikas zu tun haben, die sich aber natürlich nicht nur auf diese beziehen.

KAPITAL UND KAPITALISMUS

Zunächst einmal muss die Theorie einer unilinearen, universell gültigen historischen Abfolge der bekannten Arbeitsformen und ihrer Kontrollmechanismen, die auch als Produktionsverhältnisse oder Produktionsweisen begriffen wurden, vor allem hinsichtlich des Verhältnisses zwischen vorkapitalistischen und kapitalistischen Arbeitsformen, wieder als große Frage der gesellschaftlichen und wissenschaftlichen Debatten von heute aufgeworfen werden, jedenfalls für Amerika.

Aus eurozentrischer Sicht werden Reziprozität, Sklaverei, Leibeigenschaft und einfache Warenproduktion als eine historische Abfolge wahrgenommen, die der Kommodifizierung der Arbeitskraft vorausging. Sie sind präkapitalistisch. Und sie werden nicht nur als anders erachtet, sondern als völlig unvereinbar mit dem Kapital. Tatsache ist jedoch, dass sie in Amerika nicht in einer historisch unilinearen Abfolge auftauchten; keine von ihnen war eine bloße Erweiterung alter präkapitalistischer Formen, noch waren sie unvereinbar mit dem Kapital.

In Amerika wurde die Sklaverei bewusst als Ware für die Produktion von anderen Waren für den Weltmarkt aufgebaut und organisiert, und diente auf diese Weise den Zielen und Anforderungen des Kapitalismus. Ebenso wurde den Indios Knechtschaft auferlegt und sogar die Institutionen der Reziprozität neu definiert, um eben diese Ziele zu ermöglichen, das heißt, Waren für den Weltmarkt zu produzieren. Schließlich wurde auch die einfache Warenproduktion für den gleichen Zweck auf- und ausgebaut.

Das heißt, alle diese Arbeitsformen und die Formen ihrer Kontrolle funktionierten in Amerika nicht nur simultan, sondern waren über die Achse des Kapitals und des Weltmarkts miteinander artikuliert. Folglich waren sie Teil eines neuen Musters der Organisation und Kontrolle von Arbeit in all ihren historisch bekannten Formen, gemeinsam mit und um das Kapitalverhältnis herum. Zusammengenommen konfigurierten diese Arbeitsformen ein neues System: den Kapitalismus.

Das Kapital als gesellschaftliches Verhältnis, das auf der Kommodifizierung von Arbeitskraft beruht, entstand vermutlich irgendwann im 11. oder 12. Jahrhundert, irgendwo im Mittelmeerraum der iberischen oder italienischen Halbinsel und als Folge davon und aus bekannten Gründen in der islamischen Welt. Es ist also wesentlich älter als Amerika. Doch vor der Entstehung Amerikas ist es nirgendwo strukturell mit allen anderen Formen der Organisation und Kontrolle der Arbeitskraft und des Faktors Arbeit verbunden und war noch über keine andere Form der Arbeit vorherrschend. Nur mit Amerika konnte sich das Kapital konsolidieren und weltweite Vorherrschaft erlangen, indem es eben gerade zu jener Achse wurde, um die herum alle anderen Formen der Arbeit artikuliert und auf die Zwecke des Weltmarktes ausgerichtet wurden. Nur auf diese Weise wurde das Kapital zur vorherrschenden Produktionsweise. So existierte das Kapital lange Zeit vor Amerika. Der Kapitalismus als System von Produktionsverhältnissen, also als heterogenes Gefüge aller Formen der Kontrolle über die Arbeit und ihrer Produkte unter der Vorherrschaft des Kapitals, aus dem von nun an die Weltwirtschaft und ihr Markt bestehen würden, konstituierte sich historisch erst mit der Entstehung Amerikas. Von diesem Moment an existierte und existiert auch heute noch das Kapital nur als zentrale Achse des Kapitalismus, nicht getrennt oder womöglich isoliert von den übrigen Formen der Ausbeutung. Es war weltweit und auf globaler Ebene nie auf andere Weise vorherrschend und hätte sich höchstwahrscheinlich nicht auf andere Weise entwickeln können.

Wie im Fall des Verhältnisses zwischen den kapitalistischen und den präkapitalistischen Formen wurde eine ähnliche Denklinie in Bezug auf das Verhältnis zwischen Europa und Nicht-Europa entwickelt. Wie vorhin beschrieben besteht der Gründungsmythos der eurozentrischen Version der Moderne in der Vorstellung eines Naturzustands als Ausgangspunkt der zivilisatorischen Entwicklung, deren Höhepunkt die europäische oder westliche Zivilisation darstellt. Aus diesem Gründungsmythos speist sich die spezifisch eurozentrische Evolutionstheorie einer unilinearen, in einer Richtung verlaufenden Bewegung und Veränderung der Menschheitsgeschichte. Dieser Mythos war mit der rassialisierten Klassifizierung der Weltbevölkerung verbunden. Die Verknüpfung ergab eine Perspektive, in der sich paradoxerweise Evolutionstheorie und Dualismus vermengen. Diese Sichtweise ist nur zu verstehen als Ausdruck des ausgeprägten Ethnozentrismus im neu konstituierten Europa und dessen zentraler und beherrschender Stellung im globalen kolonialen/modernen Kapitalismus, der neuen Bedeutung mystifizierender Vorstellungen von Menschheit und Fortschritt als ureigene Produkte der Aufklärung und der Bedeutung der Vorstellung von *raza* als grundlegendes Kriterium der universellen gesellschaftlichen Klassifizierung der Weltbevölkerung.

Die Geschichte ist allerdings eine ganz andere. Einerseits stießen die Spanier und Portugiesen, die Amerika eroberten, benannten und kolonisierten (und dessen nördlicher Teil oder Nordamerika ein Jahrhundert später von den Briten kolonisiert werden würde) auf eine große Anzahl unterschiedlicher Bevölkerungsgruppen (*pueblos*), jede mit ihrer eigenen Geschichte, Sprache, Entdeckungen, kulturellen Erzeugnissen, Erinnerung und Identität. Die Namen der am meisten entwickelten und gebildeten sind bekannt: Azteken, Maya, Chimú, Aymara, Inca, Chibcha usw. 300 Jahre später waren sie alle unter einer gemeinsamen Identität zusammengefasst: Indios. Diese neue Identität war rassialisiert, kolonial und negativ. So geschah es auch mit den Menschen, die gewaltsam als Sklaven aus dem zukünftigen Afrika gebracht wurden: Ashanti, Yoruba, Zulu, Kongos, Bakongo usw. Nach nur 300 Jahren waren sie alle nichts anderes mehr als *Schwarze*.

Dieses Resultat der Geschichte der kolonialen Macht hatte zwei entscheidende Auswirkungen. Die erste ist offensichtlich: All jenen Bevölkerungsgruppen (*pueblos*) wurden ihre eigenen und einzigartigen historischen Identitäten genommen. Die zweite ist vielleicht weniger offensichtlich, aber nicht weniger entscheidend: Ihre neue rassialisierte, koloniale und negative Identität bedeutete, dass ihnen auch ihre Verortung in der Geschichte der Kulturproduktion der Menschheit genommen wurde. Von nun an waren sie nicht mehr als minderwertige *razas*, die nur minderwertige Kulturen hervorbringen konnten. Es bedeutete auch eine neue Verortung in der neuen historischen Zeit, die zunächst mit Amerika und später mit Europa konstituiert wurde: von da an waren sie die *Vergangenheit*. Mit anderen Worten umfasste das in der Kolonialität begründete Machtmuster auch ein kognitives Muster, eine neue Wissensperspektive, in der alles Nicht-europäische Vergangenheit und damit minderwertig, immer primitiv war.

Auf der anderen Seite war die erste moderne und globale geokulturelle Identität jene Amerikas. Europa war die zweite und konstituierte sich als Konsequenz Amerikas, nicht umgekehrt. Die Konstitution Europas als neuer historischer Einheit/Identität wurde erst mit der unbezahlten Arbeit der Indios, der Schwarzen und Mestizen in Amerika möglich, mit ihren ausgefeilten Techniken in Bergbau und Landwirtschaft und durch die jeweiligen Produkte, Gold, Silber, Kartoffel, Tomate, Tabak etc. etc.[2] Denn auf dieser Basis konfigurierte sich eine Region als Ort, an dem die Kontrolle über die Atlantikrouten zusammenlief, die zugleich, eben auf dieser Basis, zu den entscheidenden Routen des Welthandels wurden. Diese Region brauchte nicht lange, um zu Europa zu werden. Amerika und Europa produzierten sich historisch damit gegenseitig als die beiden ersten geokulturellen Identitäten der modernen Welt.

Die Europäer redeten sich jedoch ab der Mitte des 17. Jahrhunderts, aber vor allem im 18. Jahrhundert ein, dass sie sich als Zivilisation unabhängig von der mit Amerika begonnenen Geschichte nicht nur irgendwie selbst hervorgebracht hätten und den Höhepunkt einer unabhängigen Linie bildeten, die mit Griechenland als einzigem originären Ursprung begonnen hatte. Sie schlussfolgerten auch, dass sie allen anderen von Natur aus (das heißt hinsichtlich ihrer

---

2 Vgl. zu diesem Punkt: Herman Viola und Carolyn Margolis (Hg.), *Seeds of Change. A Quincentennial Commemoration*, Smithsonian Institute Press, Washington, 1991.

raza) überlegen waren, denn sie hatten ja alle erobert und ihnen ihre Herrschaft aufoktroyiert.

Der Kontrast zwischen der historischen Erfahrung und der eurozentrischen Erkenntnisperspektive erlaubt es, einige der wichtigsten Elemente des Eurozentrismus herauszustreichen: a) die merkwürdige Verbindung zwischen einem Dualismus (präkapitalistisch-kapitalistisch, nicht europäisch-europäisch, primitiv-zivilisiert, traditionell-modern etc.) und einer linearen, in eine Richtung laufenden Evolutionstheorie, von irgendeinem Naturzustand hin zur modernen europäischen Gesellschaft; b) die Naturalisierung der kulturellen Unterschiede zwischen Gruppen von Menschen, indem sie durch die Vorstellung von *raza* kodifiziert wurden; und c) die verzerrte Verschiebung aller dieser Unterschiede in der Zeit, so dass alles Nicht-Europäische als Vergangenheit wahrgenommen wird. All diese intellektuellen Vorgänge sind klar voneinander abhängig. Und sie hätten nicht ohne die Kolonialität der Macht hervorgebracht und entwickelt werden können.

HOMOGENITÄT/KONTINUITÄT UND HETEROGENITÄT/DISKONTINUITÄT

Wie man heute beobachten kann, ist die eurozentrische Erkenntnisperspektive aufgrund ihrer radikalen Krise ein Feld voller drängender Fragen. An dieser Stelle müssen zumindest zwei davon genannt werden. Erstens eine Vorstellung von historischem Wandel als Prozess oder Moment, in dem eine Entität oder Einheit sich auf kontinuierliche, homogene und vollständige Weise in etwas anderes transformiert und damit die historische Bühne völlig verlässt. Dies erlaubt einer anderen äquivalenten Entität ihren Ort einzunehmen, und all dies geht in einer fortlaufenden Kette weiter. Anders hätte die Vorstellung von Geschichte als in eine Richtung und auf einer Linie ablaufenden Evolution keinen Sinn und Raum. Zweitens ergibt sich daraus, dass jede unterscheidbare Einheit, z.B. eine »Ökonomie/Gesellschaft« oder eine »Produktionsweise« im Fall der Kontrolle über den Faktor Arbeit (kapitalistisch oder Sklaverei), oder eine »*raza*/Zivilisation« im Fall von Gruppen von Menschen, eine homogene Entität/Identität darstellt. Mehr noch, jede Einheit bildet eine Struktur homogener Elemente, die kontinuierlich und systemisch (im Unterschied zu systematisch) miteinander im Verhältnis stehen.

Die historische Erfahrung zeigt jedoch, dass der globale Kapitalismus weit davon entfernt ist, eine homogene und kontinuierliche Totalität zu sein. Im Gegenteil ist das globale Machtmuster, das als Kapitalismus bekannt ist – das zeigt Amerika – im Grunde eine Struktur heterogener Elemente, sowohl was die Formen der Kontrolle über Arbeit-Ressourcen-Produkte (oder Produktionsverhältnisse) angeht, als auch was die in ihn eingebundenen Bevölkerungsgruppen (*pueblos*) und Geschichten betrifft. In der Konsequenz verbinden sich diese Elemente miteinander und mit dem Gesamtkomplex ebenfalls auf heterogene und gebrochene Weise, sogar konfliktiv. Und diese Elemente selbst sind alle auf dieselbe Weise gestaltet.

So ist jedes dieser Produktionsverhältnisse eine in sich heterogene Struktur. Besonders das Kapital, da alle Stadien und historischen Formen der Wertschöpfung und der Aneignung von Mehrwert (z.B. ursprüngliche Akkumulation, absoluter und relativer, extensiver oder intensiver Mehrwert, oder in anderen Begriffen, Manufaktur, Wettbewerbskapital, Monopolkapital, transnationales oder globales Kapital, präfordistisch, fordistisch, arbeitsintensiv, kapitalintensiv, informationsintensiv etc., etc.) parallel aktiv sind und in einem komplexen Gefüge von Wert- und Mehrwerttransfer zusammenwirken. Die trifft genauso auf die *razas* zu, da so viele vielfältige und heterogene Bevölkerungsgruppen (*pueblos*) mit heterogenen Geschichten und historischen Bewegungs- und Wandlungstendenzen zu einem einzigen rassialisierten Begriff zusammengefasst wurden, z.B. Indio oder Schwarze.

Diese Heterogenität ist nicht einfach strukturell im Verhältnis zwischen gleichzeitigigen Elementen begründet. Weil vielfältige und heterogene Sachverhalte dieser Art in eine einzige Machtstruktur eingebunden wurden, muss man den historisch-strukturellen Charakter dieser Heterogenität anerkennen. Folglich kann der Wandlungsprozess jener kapitalistischen Totalität auf keinen Fall eine homogene und kontinuierliche Transformation des gesamten Systems oder aller seiner zentralen Komponenten sein. Diese Totalität könnte auch nicht vollständig und einheitlich von der historischen Bühne verschwinden und von einer äquivalenten ersetzt werden. Historischer Wandel kann nicht eingleisig, nur in eine Richtung, in Sequenzen oder vollständig stattfinden. Das System oder das besondere Muster der strukturellen Artikulation könnte zwar auseinandergenommen werden. Aber dennoch können und müssten sich alle oder einige seiner Teile in ein anderes Strukturmuster einbinden, wie es offenbar auch mit Komponenten des präkolonialen Machtmusters in, sagen wir, Tawantinsuyu, passiert ist.[3]

DER NEUE DUALISMUS

Schließlich ist es für den Moment und für unseren Zweck hier angebracht, uns mit der Frage nach dem Verhältnis zwischen Körper und Nicht-Körper in der eurozentrischen Perspektive zu beschäftigen, sowohl weil sie in der eurozentrischen Art und Weise der Erkenntnisproduktion Gewicht hat, als auch weil sie in unserer Erfahrung eng mit den Themen *raza* und *gender* verbunden ist.

In der Geschichte der Menschheit ist die Idee der Unterscheidung zwischen »Körper« und »Nicht-Körper« in der menschlichen Erfahrung praktisch universal und allen historisch bekannten »Kulturen« oder »Zivilisationen« gemein. Auch gemein ist ihnen aller-

---

3 Über den Ursprung der Kategorie der historisch-strukturellen Heterogenität vgl. Aníbal Quijano, *Notas sobre el concepto de marginalidad social*, CEPAL, Santiago de Chile, 1966. Später veröffentlicht in: *Imperialismo y Marginalidad en América Latina*, Mosca Azul, Lima, 1977, 31-100. Vgl. auch ders., »La nueva heterogeneidad estructural de América Latina«, in Heinz Sonntag (Hg.), *Nuevos temas, nuevos contenidos*, UNESCO-Nueva Sociedad, Caracas, 1989, S. 29-51.

dings – bis zum Erscheinen des Eurozentrismus – die ständige Ko-Präsenz dieser zwei Elemente als zwei untrennbare Dimensionen des menschlichen Seins in jeglicher Instanz, Erscheinen und Verhalten.

Der Prozess der Trennung dieser Elemente des Menschen ist Teil einer langen Geschichte der christlichen Welt, auf Basis der Vorstellung einer Vormachtstellung der »Seele« über den »Körper«. Doch in dieser Geschichte gibt es auch eine lange und ungelöste Ambivalenz der christlichen Theologie über eben diesen Punkt: Gewiss ist die »Seele« das privilegierte Objekt der Erlösung. Am Ende jedoch ist es der »Körper«, der aufersteht, als Höhepunkt der Erlösung.

Mit Sicherheit war es auch während der repressiven Kultur des Christentums, als Ergebnis der Konflikte mit Muslimen und Juden vor allem im 15. und 16. Jahrhundert in der Hochzeit der Inquisition, dass die Vormachtstellung der »Seele« so betont und vielleicht aggressiv aufgeladen wurde. Und weil der »Körper« grundlegendes Ziel der Repression war, konnte die »Seele« von den intersubjektiven Beziehungen in der christlichen Welt fast getrennt erscheinen. Das wurde aber bis Descartes nicht theoretisiert, also systematisch diskutiert und ausgearbeitet, um schließlich den Prozess der bürgerlichen Säkularisierung der christlichen Denkweise abzuschließen.[4]

---

[4] Ich habe mich immer gefragt, was der Ursprung einer der wichtigsten Argumente des Liberalismus ist: Die Ideen müssen respektiert werden. Der Körper dagegen kann gefoltert, vernichtet und getötet werden. Wir Lateinamerikaner zitieren gern mit Bewunderung den herausfordernden Satz eines Märtyrers

Mit Descartes[5] wandelt sich die althergebrachte dualistische Herangehensweise an »Körper« und »Nicht-Körper«. Was vorher eine ständige Ko-Präsenz beider Elemente in jeder Phase des Menschseins war, wird bei Descartes zu einer radikalen Trennung zwischen dem »Subjekt der Vernunft«[6] und dem »Körper«. Die Vernunft ist nicht nur eine Säkularisierung der Vorstellung der »Seele« im theologischen Sinn, sondern hat sich auch zu einer neuen Id-Entität gewandelt, dem »Subjekt der Vernunft«, der einzigen Entität, die zu »rationalem« Wissen fähig ist. Im Verhältnis dazu ist der »Körper« das »Objekt« von Erkenntnis und kann auch gar nichts anderes sein. Aus diesem Blickwinkel ist der Mensch par excellence ein »vernunftbegabtes« Wesen, und diese Gabe wird ausschließlich in der Seele verortet. Insofern ist der »Körper« per definitionem unfähig, rational zu handeln, er hat mit »Vernunft/Subjekt« nichts zu tun. Ist diese radikale Trennung zwischen »Vernunft/Subjekt« und »Körper« hergestellt, so kann das Ver-

---

der antikolonialen Kämpfe, in eben dem Moment, in dem ihm der Kopf abgeschlagen wurde. »Barbaren, die Gedanken werden nicht enthauptet!«. Ich schlage hier vor, dass der Ursprung davon im neuen kartesianischen Dualismus liegt, der den »Körper« zur bloßen »Natur« machte.

5 Vgl. René Descartes: *Meditationen. Abhandlungen über die Methode, die Vernunft richtig zu gebrauchen*, Matrix, Wiesbaden, 2006. Paul Bousquié bestätigt diesen Punkt: Der Cartesianismus ist ein neuer radikaler Dualismus. Vgl. Paul Bousquié, *Le corps cet inconnu*, L'Harmattan, Paris, 1994.

6 Im spanischen Original schreibt Quijano »razón/sujeto« oder »sujeto/razón«, hier ist dies je nach Satzbau übersetzt mit dem geläufigen Begriff »Subjekt der Vernunft« oder wörtlich mit »Vernunft/Subjekt« [Anm. d. Ü.].

hältnis zwischen beiden ausschließlich als Beziehung zwischen Rationalität/menschlichem Subjekt und Körper/menschlicher Natur, oder zwischen »Geist« und »Natur« erscheinen. So wurde der »Körper« in der eurozentrischen Rationalität als »Erkenntnisobjekt« außerhalb der Sphäre von »Subjekt/Vernunft« fixiert.

Ohne diese »Objektivierung« des »Körpers« als »Natur« und seinem Ausschluss aus dem Bereich des »Geistes« wäre die »wissenschaftliche« Theoretisierung des Themas *raza* kaum möglich gewesen, wie im Fall des Grafen von Gobineau im 19. Jahrhundert.[7] Aus dieser eurozentrischen Perspektive werden bestimmte *razas* als »minderwertig« eingestuft, weil sie keine »rationalen« Subjekte sind. Sie sind Untersuchungsobjekte, folglich »Körper«, näher an der »Natur«. In gewisser Hinsicht macht sie das beherrschbar und ausbeutbar. Entsprechend dem Mythos vom Naturzustand und dem Zivilisationsprozess, der in die europäische Zivilisation mündet, stehen einige *razas* – Schwarze (oder Afrikaner), Indios, Olivfarbene, Gelbe (oder Asiaten) in dieser Reihenfolge – der »Natur« näher als die Weißen.[8] Nur aus dieser eigenartigen Perspektive war es möglich, die nicht-europäischen Bevölkerungsgruppen (*pueb-*

---

7 Arthur de Gobineau, *Essais sur l'inégalité des races humaines*, Paris, 1853-1857.

8 Zu diesen Prozessen in der eurozentrierten Subjektivität ist es vielsagend, dass die einzige alternative Kategorie zum Okzident der Orient war und noch immer ist, während die *Schwarzen* (Afrika) oder die *Indios* (Amerika vor der Existenz der USA) nicht die Ehre hatten, für Europa oder den Okzident das Andere zu sein.

los) praktisch bis zum Zweiten Weltkrieg vor allem als Erkenntnisobjekte und Objekte von Herrschaft und Ausbeutung durch die Europäer zu betrachten.

Dieser neue und radikale Dualismus betraf nicht nur die rassialisierten Herrschaftsverhältnisse, sondern auch die älteren sexuellen Herrschaftsverhältnisse. Von nun an wurden die Frauen, ganz besonders die Frauen minderwertiger *razas* stereotyp bei den restlichen Körpern verortet, und je minderwertiger ihre *razas* waren, desto näher standen sie der Natur oder sie standen wie im Fall der schwarzen Sklavinnen direkt in der Natur. Wenn auch die Frage erst untersucht werden muss, ist es wahrscheinlich, dass die Vorstellung von *Gender* erst nach dem neuen und radikalen Dualismus etabliert wurde, als Teil der eurozentrischen kognitiven Perspektive.

Im 18. Jahrhundert vermengte sich dieser neue radikale Dualismus mit mythologisierten Vorstellungen von »Fortschritt« und von einem Naturzustand in der menschlichen Entwicklungschronologie, den Gründungsmythen der eurozentrischen Version der Moderne. Dies war die Grundlage der eigentümlichen historischen dualistischen/evolutionistischen Sichtweise. So konnten alle Nicht-Europäer einerseits als Prä-Europäer gedacht und zugleich in einer bestimmten historisch ununterbrochenen Linie vom Primitiven zum Zivilisierten, vom Irrationalen zum Rationalen, vom Traditionellen zum Modernen, vom Magisch-Mythischen zum Wissenschaftlichen verortet werden. In anderen Worten vom Nicht-Europäischen/Prä-Europäischen zu etwas, das sich mit der Zeit noch europäisieren oder »modernisieren« würde.

Ohne die gesamte Erfahrung von Kolonialismus und Kolonialität wäre diese geistige Prägung schwer zu erklären, ebensowenig wie die langfristige weltweite Hegemonie des Eurozentrismus. Die Bedürfnisse des Kapitals allein erklären den Charakter und die Entwicklung dieser Erkenntnisperspektive nicht vollständig, ja könnten sie gar nicht vollständig erklären.

III. EUROZENTRISMUS UND HISTORISCHE ERFAHRUNG IN LATEINAMERIKA

Auf spezifische Art auf die historische Erfahrung Lateinamerikas angewandt, wirkt die eurozentrische Erkenntnisperspektive wie ein Spiegel, der verzerrt, was er reflektiert. Das heißt, dass das Abbild, das wir in diesem Spiegel vorfinden, nicht zur Gänze falsch ist, da wir viele und bedeutsame geschichtliche Merkmale aus Europa besitzen, sei es in materieller oder intersubjektiver Hinsicht. Gleichzeitig sind wir jedoch zutiefst verschieden. Wenn wir daher in unseren eurozentrischen Spiegel blicken, ist das Abbild, das wir sehen, notwendigerweise unvollständig und verzerrt.

Die Tragödie dabei ist, dass wir – wissentlich oder nicht, willentlich oder nicht – alle dazu verleitet wurden, dieses Abbild als unser eigenes zu sehen und zu akzeptieren, und es als nur uns zugehörig zu betrachten. Auf diese Weise bleiben wir, was wir nicht sind. Und als Ergebnis davon sind wir niemals dazu in der Lage, unsere eigentlichen Probleme zu identifizieren, und noch viel weniger, sie zu lösen, außer auf eine unvollständige und verzerrte Weise.

DER EUROZENTRISMUS UND DIE »NATIONALE FRAGE«: DER NATIONALSTAAT

Eines der offensichtlichsten Beispiele dieser Tragödie aus Irrtümern in Lateinamerika ist die Geschichte der so genannten nationalen Frage, oder anders gesagt, des Problems des modernen Nationalstaates in Lateinamerika.

Nationen und Staaten sind ein altes Phänomen. Das, was wir als modernen Nationalstaat bezeichnen, ist jedoch eine sehr spezifische Erfahrung. Es handelt sich um eine nationalisierte und daher politisch als Nationalstaat organisierte Gesellschaft. Sie enthält die modernen Institutionen der Staatsbürgerschaft und der politischen Demokratie. Das heißt, sie beinhaltet ein gewisses Maß an Demokratie, da jeder bekannte Prozess der gesellschaftlichen Nationalisierung in der Neuzeit allein durch eine relative (das heißt, innerhalb der Grenzen des Kapitalismus stattfindende), aber bedeutsame und faktische Demokratisierung der Kontrolle über die Arbeit, die produktiven Ressourcen und über die Schaffung und Verwaltung der politischen Institutionen vonstatten ging. Auf diese Weise kann die Staatsbürgerschaft zur legalen, zivilen und politischen Gleichheit unter sozial ungleichen Menschen beitragen[1].

---

1 Zu diesem Punkt vgl. Aníbal Quijano: »Estado-nación, ciudadanía y democracia: cuestiones abiertas«, in Helena Gon-

Ein Nationalstaat ist eine Art Gesellschaft, die von den anderen unterschieden wird. Daher kann sie von ihren Mitgliedern als Identität begriffen werden. Jede Gesellschaft ist jedoch eine Machtstruktur. Es ist die Macht, die verstreute und unterschiedliche soziale Existenzweisen in einer einzigen Totalität verbindet, einer Gesellschaft. Jede Machtstruktur ist immer, teilweise oder vollständig, die Durchsetzung einiger, oft einer bestimmten Gruppe, gegenüber den anderen. Folglich ist jeder mögliche Nationalstaat eine Machtstruktur, ebenso wie er ein Produkt der Macht ist. Mit anderen Worten, ein Produkt dessen, wie die Auseinandersetzungen über die Kontrolle der Arbeit, ihrer Ressourcen und Produkte, über die Geschlechtlichkeit, ihre Ressourcen und Produkte, die Machtbefugnisse und ihre spezifische Gewalt, sowie die Intersubjektivität und das Wissen festgeschrieben wurden.

Ob sich jedoch ein moderner Nationalstaat in seinen Mitgliedern als Identität ausdrücken kann, hängt nicht nur davon ab, ob er als Gemeinschaft empfunden werden kann[2]. Die Mitglieder müssen etwas Reales gemeinsam haben, nicht nur etwas Eingebildetes, etwas, das sie teilen. Und das ist in allen vorhandenen modernen Nationalstaaten eine mehr

---

zález und Heidulf Schmidt (Hg.), *Democracia para una nueva sociedad*, Nueva Sociedad, Caracas, 1998, S. 139-158.

2 Wie Benedict Anderson (1991) in seinem Buch *Die Erfindung der Nation: Zur Karriere eines folgenreichen Konzepts,* Campus, Frankfurt am Main/ New York 2005, 3. Aufl., vorschlägt. Eine umfassendere Diskussion dieses Punktes findet sich in Aníbal Quijanos »Estado-nación, ciudadanía y democracia: cuestiones abiertas«.

oder weniger demokratische Teilhabe an der Aufteilung der Kontrolle über die Macht. Das ist die spezifische Weise der Homogenisierung der Menschen in einem modernen Nationalstaat. Jede Homogenisierung der Bevölkerung eines modernen Nationalstaats ist selbstverständlich eingeschränkt und zeitlich begrenzt und besteht aus der gemeinsamen demokratischen Teilhabe an der Kontrolle über die Entstehung und Verwaltung der Institutionen der staatlichen Machtbefugnisse und ihrer spezifischen Mechanismen der Gewalt. Diese Macht wird im Wesentlichen in allen Bereichen der gesellschaftlichen Existenz ausgeübt, die mit dem Staat in Verbindung stehen und daher als explizit politisch aufgefasst werden. Aber diese Bereiche könnten nicht demokratisch sein, das heißt, sie könnten nicht die Staatsbürgerschaft als rechtliche und soziale Gleichheit von in den Machtverhältnissen ungleich positionierten Menschen sicherstellen, wenn die sozialen Beziehungen in allen anderen Bereichen der gesellschaftlichen Existenz radikal undemokratisch oder antidemokratisch wären.[3]

Da jeder Nationalstaat eine Machtstruktur ist, bedeutet dies, dass es sich um eine Macht handelt, die sich solcherart ausformt. Der Prozess beginnt immer mit einer zentralisierten politischen Macht über ein bestimmtes Gebiet und dessen Bevölkerung, weil jeder Prozess einer möglichen Nationalisierung nur

---

3 Eine eingehendere Diskussion über die Grenzen und Bedingungen der Demokratie in einer kapitalistischen Machtstruktur finden sich in meinem »El fantasma del desarrollo en América Latina«, op. cit. und in »Estado-nación, ciudadanía y democracia: cuestiones abiertas«, op. cit.

in einem gegebenen Raum und über längere Zeit hinweg stattfinden kann. Dieser Raum muss lange Zeit mehr oder weniger stabil bleiben, und folglich ist es notwendig, dass auch die politische Macht beständig und zentralisiert ist. Dieser Raum ist in diesem Sinne ein Herrschaftsraum, der umkämpft ist und gegenüber anderen Rivalen verteidigt werden muss.

In Europa begann dieser Prozess, der zur Herausbildung von sich zu Nationalstaaten formierenden Machtstrukturen führte, mit dem Auftauchen einiger weniger politischer Zentren, die ihren Herrschaftsraum eroberten und sich gegenüber verschiedenen und heterogenen Bevölkerungsgruppen (*pueblos*) und Identitäten durchsetzten, die diesen besiedelten. Auf diese Weise begann der Nationalstaat als ein Prozess der Kolonisierung einiger Bevölkerungsgruppen (*pueblos*) durch andere, die in diesem Sinne fremde Bevölkerungsgruppen (*pueblos*) waren. In einigen besonderen Fällen wie in Spanien, das sich auf der Basis von Amerika und seiner enormen und kostenlosen Ressourcen konstituierte, implizierte dieser Prozess die Vertreibung einiger Gruppen, wie der muslimischen und jüdischen Bevölkerung, die als unerwünschte Fremde erachtet wurden. Das war die erste Erfahrung einer ethnischen Säuberung in der Neuzeit, gefolgt von der Durchsetzung dieser sonderbaren Institution der sogenannten »Zertifikate über die Reinheit des Blutes«.[4]

---

[4] Wahrscheinlich der naheliegendste Vorläufer der Idee der *raza*, die von den Kastilliern in Lateinamerika geprägt wurde. Vgl. Aníbal Quijano: »›Raza‹, ›etnia‹ y ›nación‹ en Mariátegui: cuestiones abiertas«, in Roland Forgues (Hg.), *José Carlos Ma-*

Andererseits verlief der Prozess der staatlichen Zentralisierung, der in Westeuropa der Formierung der Nationalstaaten vorausging, parallel zur Durchsetzung kolonialer Herrschaft, die in Lateinamerika ihren Anfang nahm. Das heißt, die ersten europäischen Zentralstaaten entstanden zugleich mit der Formierung ihrer kolonialen Imperien. Es handelt sich also um eine doppelte geschichtliche Bewegung. Sie begann mit der internen Kolonisierung der Bevölkerungsgruppen (*pueblos*) mit unterschiedlichen Identitäten, die dieselben Territorien besiedelten. Diese Territorien wurden in der Folge zu inneren Herrschaftsräumen und bildeten die Grundlage für die zukünftigen Nationalstaaten. Die Bewegung setzte sich gleichzeitig fort mit der imperialen oder externen Kolonisierung von Bevölkerungsgruppen (*pueblos*), die nicht nur von den Kolonialherren unterschiedene Identitäten aufwiesen, sondern auch in anderen Territorien siedelten, die nicht dem inneren Herrschaftsraum der kolonisierenden Gruppen zugerechnet wurden, das heißt, die nicht Teil der zukünftigen Nationalstaaten der kolonisierenden Gruppen waren.

Wenn wir aus unserer aktuellen geschichtlichen Perspektive untersuchen, was mit den ersten europäischen Zentralstaaten passierte, mit ihren Bevölkerungen und Territorien umfassenden Herrschaftsräumen und den entsprechenden Prozessen der Nationalstaatswerdung, kann man offensichtliche

---

riátegui y Europa. La otra cara del descubrimiento, Amauta, Lima, 1992, S. 166-187.

Unterschiede erkennen. Die Existenz eines starken Zentralstaates genügt nicht, um einen Prozess der relativen Homogenisierung einer vormals unterschiedlichen und heterogenen Bevölkerung durchzuführen, um dadurch eine gemeinsame Identität und eine starke und dauerhafte Verbundenheit mit dieser Identität hervorzubringen. Unter diesen Fällen ist wahrscheinlich Frankreich die gelungenste Erfahrung, während Spanien den geringsten Erfolg aufweisen kann.

Warum Frankreich und nicht Spanien? Spanien war in seinen Anfängen sehr viel reicher und mächtiger als seine Pendants. Nach der Vertreibung der Moslems und Juden hörte Spanien jedoch auf, produktiv und erfolgreich zu sein und verwandelte sich in einen Transmissionsriemen, der die Ressourcen Amerikas in die aufstrebenden Zentren des Finanz- und Handelskapitals leitete. Zugleich blieb es nach dem gewaltsamen und erfolgreichen Angriff auf die Autonomie der bäuerlichen Gemeinschaften sowie der Städte und Dörfer in einem quasi-feudalen Machtsystem unter der Herrschaft einer repressiven und korrupten Monarchie und Kirche gefangen. Die Monarchie Spaniens widmete sich außerdem einer kriegerischen Politik mit dem Ziel, ihre quasifeudale Macht in Europa zu vergrößern, anstatt die Vorherrschaft über den Weltmarkt und das Handels- und Finanzkapital anzustreben, wie es England und Frankreich später tun sollten. Alle Kämpfe, die die Machthaber dazu zwingen wollten, eine Demokratisierung der Gesellschaft oder des Staates zuzulassen oder zu verhandeln, wurden niedergeschlagen, vor allem die liberale Revolution von 1810-12. Auf diese Weise erwies sich der interne Kolonialismus kombiniert mit den quasi-feudalen Mustern politischer und gesellschaftlicher Macht einer Nationalisierung der spanischen Gesellschaft und des Staates als abträglich, insofern sich diese Art von Macht als unfähig erwies, jedweden Vorteil dieses ertragreichen und umfassenden imperialen oder externen Kolonialismus aufrechtzuerhalten. Sie erwies sich gleichermaßen als wirkungsvoller Schutzwall gegenüber jeglichem Prozess der Demokratisierung der sozialen und politischen Verhältnisse, nicht nur innerhalb des eigenen Herrschaftsraums.

In Frankreich entwickelte sich demgegenüber durch die radikale Demokratisierung der sozialen und politischen Beziehungen im Rahmen der französischen Revolution der vorherige interne Kolonialismus zu einer effektiven, jedoch nicht vollständigen »Französisierung« der Bevölkerungsgruppen (*pueblos*), die das Territorium Frankreichs bewohnten, und die ursprünglich ebenso unterschiedlich und historisch-strukturell heterogen gewesen waren wie im Herrschaftsraum, der später Spanien genannt werden würde. Die französischen Basken zum Beispiel sind an erster Stelle Franzosen, ebenso wie die Okzitanier oder die Navarreser. Nicht so in Spanien.

In jedem Fall einer erfolgreichen Nationalisierung der Gesellschaften und der Staaten in Europa ist die Erfahrung dieselbe: Ein bedeutender Demokratisierungsprozess der Gesellschaft ist die Grundbedingung für die Nationalisierung der entsprechenden Gesellschaft und ihrer politischen Organisation im Rahmen eines modernen Nationalstaats. Es gibt in Wirklichkeit keine bekannte Ausnahme zu diesem geschichtlichen Verlauf des Prozesses, der zur Formierung des Nationalstaats führt.

DER NATIONALSTAAT IN AMERIKA: DIE VEREINIGTEN STAATEN

Wenn wir die Erfahrungen in Amerika untersuchen, sei es in den englisch- oder spanischsprachigen Gebieten, können wir Unterschiede und entsprechende Faktoren erkennen. Im angloamerikanischen Gebiet war die Okkupation des Territoriums von Anfang an gewaltsam. Vor der Unabhängigkeit jedoch, die in den Vereinigten Staaten als Amerikanische Revolution bekannt ist, war das besetzte Gebiet sehr klein. Die Indios bewohnten daher nicht das besetzte Territorium, sie waren nicht kolonialisiert. Aus diesem Grund erkannte man die verschiedenen indigenen Bevölkerungsgruppen (*pueblos*) als Nationen an und betrieb mit ihnen inter-nationen Handel. Inbesondere in den Kriegen zwischen englischen und französischen Kolonialisten wurden sogar militärische Allianzen mit ihnen geschlossen. Die Indios waren nicht Teil der Bevölkerung, die in den kolonialen angloamerikanischen Herrschaftsraum eingegliedert war. Daher wurden sie, als die Geschichte des neuen Nationalstaates namens Vereinigte Staaten von Nordamerika begann, von dieser neuen Gesellschaft ausgeschlossen und als Fremde erachtet. Später jedoch wurden sie von ihren Territorien vertrieben und beinahe vernichtet. Erst dann wurden die Überlebenden als kolonialisierte *raza* in die nordamerikanische Gesellschaft eingeschlossen. Zu Beginn bestanden koloniale/rassialisierte Beziehungen nur zwischen Weißen und Schwarzen. Letztere Gruppe war fundamental für die Wirtschaft der kolonialen Gesellschaft als auch während einer ersten langen Phase der neuen Nation. Demographisch betrachtet waren die Schwarzen jedoch eine relativ begrenzte Minderheit, während die Weißen die große Mehrheit bildeten.

Bei der Gründung der Vereinigten Staaten als unabhängiges Land führte der Prozess der Konstituierung eines neuen Machtmusters von Anfang an zur Herausbildung eines Nationalstaats. An erster Stelle, und trotz der kolonialen Herrschaftsbeziehung zwischen Weißen und Schwarzen und der kolonialistischen Vernichtung der Indio-Bevölkerung muss zugegeben werden, dass aufgrund der überwältigenden Mehrheit der Weißen der neue Nationalstaat die Mehrheit der Bevölkerung tatsächlich repräsentierte. Dieses soziale Weißsein (*blanquitud*) der nordamerikanischen Gesellschaft wurde weiter vorangetrieben mit der Immigration von Millionen von Europäern während des 19. Jahrhunderts. An zweiter Stelle brachte die Eroberung der indigenen Territorien ein Überangebot einer grundlegenden Produktionsressource mit sich, das Land. Dieses konnte in der Folge nicht nur unter der Kontrolle einiger sehr weniger Leute angeeignet und verteilt werden. Im Gegenteil, die Konzentration in große Latifundien geschah nur teilweise, während gleichzeitig ein großer Teil in mittleres und kleines Eigentum aufgeteilt wurde, was einer demokratischen Verteilung der Landressourcen entsprach. Dies war für die Weißen die Grundlage für eine bemerkenswert demokratische Teilhabe an der Kontrolle der Schaffung und Verwaltung öffentlicher Machtbefugnisse. Die Kolonialität der neuen Form der Macht wurde jedoch nicht aufgehoben, da die Schwarzen und Indios in gar keinem Fall an der Kontrolle der Produktionsressourcen oder der Institutionen und Mechanismen der öffentlichen Machtbefugnisse mitwirken konnten.

Gegen Mitte des 19. Jahrhunderts beobachtete Tocqueville[5], dass in den Vereinigten Staaten von Amerika Menschen unterschiedlicher kultureller, ethnischer oder sogar nationaler Herkunft in so etwas wie eine Maschine der nationalen Re-Identifikation eingegliedert wurden. Sie verwandelten sich rasch in US-amerikanische Staatsbürger und nahmen eine neue nationale Identität an, und bewahrten während einer gewissen Zeit sogar ihre ursprünglichen Identitäten. Tocqueville fand heraus, dass der grundlegende Mechanismus dieses Nationalisierungsprozesses die Öffnung hin zu einer demokratischen Partizipation im politischen Leben war, die alle kürzlich Angekommenen umfasste. Ihnen allen wurde eine intensive politische Teilhabe ermöglicht, mit der Entscheidungsfreiheit, zu partizipieren oder auch nicht. Er sah jedoch auch, dass es zwei spezifischen Gruppen nicht gestattet war, am politischen Leben teilzunehmen. Dies waren offensichtlich die Schwarzen und Indios. Diese Diskriminierung war folglich die

---

[5] Alexis de Tocqueville, *Über die Demokratie in Amerika*, Reclam, Stuttgart, 1986, Kapitel 16 und 17.

Grenze dieses beeindruckenden und massiven Prozesses der Formierung des modernen Nationalstaates in der jungen Republik der Vereinigten Staaten von Amerika. Tocqueville wies auch darauf hin, dass der Prozess des nationalen Aufbaus begrenzt sein würde, sollte diese gesellschaftliche und politische Diskriminierung nicht beendet werden. Ein Jahrhundert später beobachtete ein anderer Europäer, Gunnar Myrdal[6], dieselben Beschränkungen im nationalen Prozess der Vereinigten Staaten. Da die neuen Immigranten keine Weißen waren, sondern vor allem aus Lateinamerika und Asien kamen, war Myrdal der Meinung, dass die kolonialen Beziehungen der Weißen mit diesen anderen Gruppen eine ernsthafte Gefahr für die Reproduktion der Nation darstellen könnten. Ohne Zweifel wird diese Gefahr heutzutage in dem Maße größer, in dem der alte Mythos des *Schmelztiegels* zwangsläufig aufgegeben wird und der Rassismus von Neuem dazu tendiert, bedrohlich und gewaltsam zu werden.

Zusammenfassend war die Kolonialität der Herrschafts-, Ausbeutungs- und Konfliktbeziehungen zwischen Weißen und Nicht-Weißen trotz ihres großen Einflusses und aufgrund der überwiegenden Mehrheit der Weißen nicht stark genug, um eine relative, aber tatsächlich stattfindende und bedeutende Demokratisierung der Kontrolle über die Produktionsressourcen und den Staat zu verhindern. Dies galt zwar zu Beginn nur für die weiße Bevölkerung, besaß

---

6 Gunnar Myrdal, *American Dilemma*, Harper and Brothers, New York, 1944.

aber genug Stärke, um später auch von der nichtweißen Bevölkerung in Anspruch genommen zu werden. Die Macht konnte also im Werdegang und der Ausrichtung eines Nationalstaates gestaltet werden. Ohne Zweifel ist es das, worauf die Idee der Amerikanischen Revolution verweist.

LATEINAMERIKA: DER CONO SUR UND DIE WEISSE MEHRHEIT

Auf den ersten Blick war die Situation in den Ländern des so genannten *Cono Sur* von Lateinamerika (Argentinien, Chile und Uruguay) der in den Vereinigten Staaten ähnlich. Die *Indios* wurden meist ebenfalls nicht in die koloniale Gesellschaft integriert, in dem Maße, in dem sie mehr oder weniger dieselbe [soziale und kulturelle] Struktur wie die Bevölkerungsgruppen (*pueblos*) Nordamerikas aufwiesen, ohne Möglichkeit, sie in auszubeutende Arbeiter zu verwandeln oder sie mit Zwang und Disziplin für die Kolonialherren arbeiten zu lassen. Auch die schwarze Bevölkerung in diesen drei Ländern bildete eine Minderheit während der kolonialen Phase, im Vergleich zu anderen von Spaniern oder Portugiesen beherrschten Regionen. Und wie im Fall der Vereinigten Staaten erachteten es die Herrschenden der neuen Länder des *Cono Sur* als notwendig, die Territorien der Indios zu erobern und diese auszulöschen, um dadurch rasch die nationale Bevölkerung zu homogenisieren und auf diese Weise den Prozess der Konstitution eines modernen Nationalstaats nach europäischem Vorbild zu ermöglichen. In Argentinien und Uruguay geschah dies im 19. Jahrhundert und in Chile in den ersten drei Jahrzehnten des 20. Jahrhunderts. Diese drei Länder zogen auch Millionen von europäischen Immigranten an und verstärkten dadurch dem Anschein nach das Weißsein (*blanquitud*) der argentinischen, chilenischen und uruguayischen Gesellschaften. In einem gewissen Sinn vertiefte dies vermeintlich den Prozess der Homogenisierung in diesen Ländern.

Es gibt jedoch ein entscheidendes Element, das einen grundlegenden Unterschied dieser Länder im Vergleich zu den Vereinigten Staaten darstellt, insbesondere in Argentinien. Während in den Vereinigten Staaten die Verteilung des Landes über bedeutende Zeit hinweg in weniger konzentrierter Form erfolgte, ging die Aneignung von Land in Argentinien völlig anders vonstatten. Die extreme Konzentration des Landbesitzes, vor allem in den den Indios entwendeten Gebieten, verunmöglichte jede Art demokratischer gesellschaftlicher Beziehung innerhalb der Weißen selbst, und in der Folge jede Art von politisch demokratischer Beziehung. Auf dieser Grundlage entstand statt einer demokratischen Gesellschaft, die in der Lage ist, sich selbst im Rahmen eines demokratischen Staates politisch zu repräsentieren und zu organisieren, eine oligarchische Gesellschaft und ein oligarchischer Staat, die erst seit dem zweiten Weltkrieg teilweise demontiert wurden. Ohne Zweifel standen diese Bestimmungen im Zusammenhang mit der Tatsache, dass die koloniale Gesellschaft in diesem Gebiet, vor allem an der Atlantikküste (die eine vorherrschende Rolle gegenüber dem Rest einnahm), kaum entwickelt war und daher die Anerkennung als Sitz eines Vizekönigtums erst spät (in der zweiten Hälfte des 18. Jahrhunderts) erfolgte. Sein Aufstieg zu einem der florierenden Gebiete des Weltmarktes ging seit dem letzten Viertel des 18. Jahrhunderts rasch von Statten und löste im folgenden Jahrhundert eine massive Einwanderung von Süd-, Zentral- und Osteuropa aus. Diese umfangreiche migrantische Bevölkerung fand jedoch keine Gesellschaft mit einer ausreichend entwickelten und stabilen Struktur, Geschichte und Identität vor, um sich darin einzufügen und sich mit ihr zu identifizieren, wie dies in den Vereinigten Staaten und ohne Zweifel in Chile und Uruguay der Fall war. Ende des 19. Jahrhunderts bestand die Bevölkerung von Buenos Aires zu mehr als 80% aus Migranten europäischen Ursprungs. Wahrscheinlich zögerten sie deshalb lange, eine eigene, von Europa unterschiedene nationale und kulturelle Identität anzunehmen, während sie die mit dem geschichtlichen Erbe Lateinamerikas verbundene Identität und besonders jede Beziehung mit der Indio- Bevölkerung ausdrücklich ablehnten.[7]

Die Konzentration von Land war auch in Chile – und etwas weniger in Uruguay – stark ausgeprägt. Dennoch fanden die europäischen Migranten im

---

[7] Noch in den 1920er Jahren erklärte H. Murena, ein bedeutender argentinischer Intellektueller: »Wir sind im Exil lebende Europäer in dieser wilden Pampa«. Und noch in den sozialen, kulturellen und politischen Kämpfen im Argentinien der 1960er Jahre war *cabecita negra* (Schwarzköpfchen) der herablassende Spitzname im Zusammenhang mit vor allem rassistischer Diskriminierung.

Unterschied zu Argentinien dort bereits eine Gesellschaft, einen Staat und eine Identität vor, die ausreichend fest und konstituiert waren um sich darin einfügen und rascher und umfassender damit zu identifizieren als im Fall von Argentinien. Im Fall Chiles erlaubte die territoriale Expansion auf Kosten von Bolivien und Peru der chilenischen Bourgeoisie außerdem die Kontrolle von Ressourcen, deren Bedeutung seit damals die Geschichte des Landes geprägt haben: zuerst Salpeter, und etwas später Kupfer. In den Gebieten, in denen Salpeter abgebaut wurde, formierte sich seit der Mitte des 19. Jahrhunderts die erste bedeutende Ansammlung an Lohnarbeitern in Lateinamerika, und später war der Kupferabbau das Rückgrat der sozialen und politischen Organisationen der chilenischen Arbeiter in der alten Republik. Der Gewinn, der zwischen der englischen und der chilenischen Bourgeoisie aufgeteilt wurde, ermöglichte den Anstoß einer kommerziell betriebenen Landwirtschaft und des städtischen Handelsgewerbes. Es bildeten sich neue Schichten einer urbanen Lohnarbeiterschaft und neue, relativ breite Mittelschichten heraus, zusammen mit der Modernisierung eines bedeutsamen Teils der oligarchisch geprägten Bourgeoisie (*burguesía señorial*). Diese Bedingungen ermöglichten, dass die Arbeiter und die Mittelschichten ab 1930-35 die Herrschafts-, Ausbeutungs- und Konfliktverhältnisse, also die demokratischen Verhältnisse im Rahmen des Kapitalismus, mit gewissem Erfolg neu verhandeln konnten. Auf diese Weise konnte die Macht in Form eines Nationalstaats – selbstverständlich nur für Weiße – errichtet werden.

Die Indios, eine kleine Minderheit von Überlebenden, die die ärmsten und unwirtlichsten Regionen des Landes bewohnten, waren von diesem Nationalstaat ausgeschlossen. Bis vor kurzem waren sie für die Soziologie unsichtbar. Heute hat sich das ein wenig verändert, da sie sich zu mobilisieren beginnen, um ihr Land gegenüber dem globalen Kapital zu verteidigen.

Der Prozess der Homogenisierung der Mitglieder der Gesellschaft, der aus einer eurozentrischen Perspektive als Merkmal und Bedingung der modernen Nationalstaaten aufgefasst wird, wurde in den Ländern des *Cono Sur* nicht mittels einer Dekolonisierung der gesellschaftlichen und politischen Verhältnisse zwischen den unterschiedlichen Sektoren der Bevölkerung vollzogen, sondern durch die massive Vernichtung einiger (*Indios*) und den Ausschluss anderer (Schwarze und Mestizen). Die Homogenisierung wurde also nicht durch eine grundlegende Demokratisierung der gesellschaftlichen und politischen Verhältnisse erreicht, sondern durch den Ausschluss eines Teils der Bevölkerung. Aufgrund dieser ursprünglichen Bedingungen konnte die in Folge errichtete Demokratie und der Nationalstaat weder stabil sein noch anerkannt werden. Die politische Geschichte dieser Länder, vor allem seit Ende der 1960er Jahre bis heute, könnte nicht ohne diese Bestimmungsfaktoren erklärt werden.[8]

---

[8] Die Homogenisierung ist ein grundlegender Bestandteil der eurozentrischen Auffassung von Nationalisierung. Wenn dem nicht so wäre, könnte man die nationalen Konflikte in den europäischen Ländern im Zusammenhang mit der Frage der ethnisch-rassialisierten Unterschiede innerhalb der Bevölke-

INDIO-, SCHWARZE UND MESTIZISCHE MEHRHEIT: DER UNMÖGLICHE »MODERNE NATIONALSTAAT«

Im Rest der lateinamerikanischen Länder hat es sich bis jetzt als unmöglich erwiesen, diesen eurozentrischen Werdegang hin zu einem Nationalstaat zu vollenden. Nach der Niederschlagung von Tupac Amaru und der haitianischen Revolution konnte die soziale Dekolonisierung nur in Mexiko und Bolivien einigen Erfolg verzeichnen, durch einen mehr oder weniger radikalen revolutionären Prozess, in dessen Verlauf die Dekolonisierung der Macht bedeutend vorangetrieben werden konnte, bevor sie aufgehalten und niedergeschlagen wurde. Zu Beginn der Unabhängigkeit setzte sich die Bevölkerung vor allem der demographisch und territorial ausgedehnten Länder Anfang des 19. Jahrhunderts zu mehr als 90% aus Schwarzen, Indios und Mestizen zusammen. In all diesen Ländern waren diese *razas* jedoch während

---

rung weder erklären noch verstehen. Auch die eurozentrische Siedlungspolitik, die im *Cono Sur* von den Liberalen begünstigt wird, noch der Ursprung und die Bedeutung des so genannten »indigenen Problems« in ganz Lateinamerika, wären verständlich. Wenn peruanische Großgrundbesitzer im 19. Jahrhundert chinesische Arbeiter importierten, geschah das gerade deshalb, weil für die Grundbesitzer nicht die nationale Frage auf dem Spiel stand, sondern nackte soziale Interessen. Aufgrund dieser eurozentrischen Perspektive, die ihren Ursprung in der Kolonialität der Macht hat, war die oligarchisch geprägte Bourgeoisie in Lateinamerika feindlich gegenüber der gesellschaftlichen und politischen Demokratisierung eingestellt, die eine Bedingung für die Nationalisierung der Gesellschaft und des Staates darstellt.

des Prozesses der Organisation der neuen Staaten von jeder möglichen Partizipation an den Entscheidungen über die gesellschaftliche und politische Organisation ausgeschlossen. Die kleine weiße Minderheit, die die Kontrolle dieser Staaten übernahm, hatte sogar den Vorteil, von der Gesetzgebung der Spanischen Krone nicht betroffen zu sein, da sich diese formell dem Schutz der kolonisierten *razas* widmete. Ab diesem Zeitpunkt führte die weiße Minderheit sogar neue Kolonialsteuern für die Indio-Bevölkerung ein und hielt die Versklavung der Schwarzen über viele Dekaden unbeschadet aufrecht. Diese herrschende Minderheit hatte jetzt selbstverständlich die Möglichkeit, ihren Landbesitz auf Kosten derjenigen Territorien auszudehnen, die aufgrund der Reglementierung der Spanischen Krone den Indios vorbehalten waren. Im Fall von Brasilien waren die Schwarzen versklavt und die Mehrheit der Indios Bevölkerungsgruppen (*pueblos*) aus dem Amazonastiefland und damit Fremde im neuen Staat.

Haiti war ein Ausnahmefall, in dem sich in ein und derselben geschichtlichen Bewegung eine nationale, soziale und rassialisierte Revolution (*revolución nacional, social y racial*) vollzog, also eine tatsächliche und umfassende Dekolonisierung der Macht. Ihre Niederlage wurde durch wiederholte militärische Interventionen von Seiten der Vereinigten Staaten herbeigeführt. Auch der andere Nationalisierungsprozess in Lateinamerika, der von Tupac Amaru II. im Vizekönigreich Peru angeführt war, wurde frühzeitig niedergeschlagen. Seit damals gelang es den herrschenden Gruppen in allen anderen iberischen Kolonien, die Dekolonisierung der Gesellschaft abzuwenden, während sie gleichzeitig für die Unabhängigkeit ihrer Staaten kämpften.

Diese neuen Staaten können in keiner Weise als Nationalstaaten verstanden werden, es sei denn, man nähme an, die kleine Minderheit der Kolonialherren im Besitz der [staatlichen] Kontrolle würde tatsächlich die Gesamtheit der kolonisierten Bevölkerung repräsentieren. Auch den entsprechenden Gesellschaften, die auf der kolonialen Herrschaft über die Indios, die Schwarzen und die Mestizen beruhen, kann kein nationaler und noch weniger ein demokratischer Charakter zugestanden werden. Dies stellt eine dem Anschein nach paradoxe Situation dar: Unabhängige Staaten und koloniale Gesellschaften.[9] Es handelt sich jedoch um ein nur teilweises oder oberflächliches Paradoxon, das sich auflöst, wenn wir die sozialen Interessen der herrschenden Gruppen in den betref-

---

[9] In den 1960er und 1970er Jahren verwendeten viele Sozialwissenschafter inner- und außerhalb Lateinamerikas, mich eingeschlossen, das Konzept des »internen Kolonialismus«, um das scheinbar paradoxe Verhältnis zwischen den unabhängigen Staaten und ihrer kolonialisierten Bevölkerung zu charakterisieren. In Lateinamerika stellten die Arbeiten von Pablo González Casanova und Rodolfo Stavenhagen sicher die bedeutendsten Versuche unter denjenigen dar, die das Problem auf systematische Weise theoretisch zu erfassen suchten. Heute wissen wir, dass es sich dabei um Probleme im Zusammenhang mit der Kolonialität handelt, die weit über den institutionellen Rahmen des Nationalstaats hinausgehen. Pablo González Casanova, »Internal Colonialism and National Development«, in: *Studies in Comparative International Development*, vol. 1, no. 4, 1965, S. 27-37 und Rodolfo Stavenhagen, »Classes, colonialism, and acculturation«, in *Studies in Comparative International Development*, vol. 1, no. 7, 1965, S. 53-77.

fenden kolonialen Gesellschaften und ihren unabhängigen Staaten mit größerer Sorgfalt untersuchen.

In der angloamerikanischen kolonialen Gesellschaft war die Leibeigenschaft nicht so verbreitet wie in der iberoamerikanischen kolonialen Gesellschaft, da die Indios eine fremde Bevölkerungsgruppe darstellten, die nicht Teil der kolonialen Gesellschaft war. Die Vertragsknechte aus Großbritannien (*indentured servants*) waren rechtlich betrachtet keine Leibeigenen, und nach der Unabhängigkeit bestand die Vertragsknechtschaft nicht für lange Zeit. Die schwarzen Sklaven waren zwar in wirtschaftlicher Hinsicht von grundlegender Bedeutung, aber demographisch stellten sie eine Minderheit dar. Und seit Beginn der Unabhängigkeit waren in der Produktion hauptsächlich lohnabhängige Arbeiter und unabhängige Produzenten beschäftigt. Während der Kolonialzeit in Chile wurde die Leibeigenschaft der Indios eingeschränkt, da die in der Knechtschaft lebenden Indios eine kleine Minderheit waren. Auch die schwarzen Sklaven stellten trotz ihrer größeren wirtschaftlichen Bedeutung eine kleine Minderheit dar. Aus diesem Grund bildeten diese *razas* keine große Quelle unbezahlter Arbeit, wie dies in den anderen iberoamerikanischen Ländern der Fall war. Folglich musste sich seit Beginn der Unabhängigkeit ein wachsender Anteil der lokalen Produktion auf die Lohnarbeit und das Kapital stützen, und aus diesem Grund war der interne Markt von zentraler Bedeutung für die vormonopolistische Bourgeoisie. Unter Berücksichtigung sämtlicher Differenzen wurden daher die lokale Lohnarbeit, die Produktion und der interne

Markt für die herrschenden Klassen beider Länder vor der ausländischen Konkurrenz geschützt, da sie die einzige und wichtigste Quelle für den kapitalistischen Gewinn darstellten. Mehr noch, der interne Markt musste erweitert und geschützt werden. In diesem Sinn gab es einige Bereiche gemeinsamer Interessen zwischen der Lohnarbeiterschaft, den unabhängigen Produzenten und der lokalen Bourgeoisie. Dies stellte in der Folge, mit den durch den Ausschluss der Schwarzen und Mestizen verbundenen Beschränkungen, ein nationales Interesse dar, das von der großen Bevölkerungsmehrheit des neuen Nationalstaates geteilt wurde.

UNABHÄNGIGER STAAT UND KOLONIALE GESELLSCHAFT: HISTORISCH-STRUKTURELLE ABHÄNGIGKEIT

In den anderen iberoamerikanischen Gesellschaften hingegen konnte die kleine weiße Minderheit, die die Kontrolle über die unabhängigen Staaten und die kolonialen Gesellschaften ausübte, kein mit den Indios, Schwarzen und Mestizen gemeinsames gesellschaftliches Interesse gehabt oder verspürt haben. Im Gegenteil, ihre gesellschaftlichen Interessen waren den indigenen Leibeigenen und den schwarzen Sklaven ausdrücklich entgegengesetzt, da ihre Privilegien von der Herrschaft über diese Gruppen und deren Ausbeutung abhingen. Dadurch bestand kein Raum für gemeinsame Interessen zwischen Weißen und Nicht-Weißen und in der Folge auch kein allen gemeinsames nationales Interesse. Daher lagen aus der Sicht der Herrschenden die ihnen entsprechenden gesellschaftlichen Interessen viel näher an den Interessen ihrer europäischen Pendants, und in der Folge neigten sie stets dazu, den Interessen der europäischen Bourgeoisie zu folgen. Sie waren also abhängig.

Sie waren auf diese spezifische Art abhängig, nicht jedoch, weil sie einer größeren wirtschaftlichen oder politischen Macht untergeordnet gewesen wären. Wem hätten sie auch untergeordnet sein sollen? Spanien oder Portugal waren damals [im 19. Jahrhundert] schon zu schwach und unterentwickelt, sie konnten keinen Neokolonialismus ausüben, wie die Engländer oder Franzosen dies in gewissen afrikanischen Ländern nach deren politischer Unabhängigkeit taten. Die Vereinigten Staaten waren von der Eroberung der Indio-Territorien und der Vernichtung von deren Bevölkerung in Anspruch genommen und begannen zudem ihre imperiale Expansion über einen Teil der Karibik, ohne weitere Kapazitäten, um ihre wirtschaftliche und politische Herrschaft darüber hinaus auszudehnen. England versuchte, Buenos Aires zu besetzen und wurde besiegt.

Die weißen Herren Lateinamerikas, im Besitz politischer Macht, Leibeigener und Sklaven, hatten mit diesen Arbeitern, die die überwältigende Bevölkerungsmehrheit der neuen Staaten bildeten, keine gemeinsamen, sondern genau entgegengesetzte Interessen. Und während in Europa und den Vereinigten Staaten die weiße Bourgeoisie das soziale Verhältnis namens Kapital als Verbindungsachse zwischen Wirtschaft und Gesellschaft ausdehnte, konnten die lateinamerikanischen Herren ihre umfangreichen, aus den Handelsgeschäften erwirtschafteten Gewinne nicht in den Kauf von lohnabhängiger Arbeitskraft investieren, gerade weil dies die Reproduktion ihrer Herrschaft untergraben hätte. So verwendeten sie diese Gewinne für den ostentativen Konsum von hauptsächlich in Europa hergestellten Waren.

Die Abhängigkeit der oligarchisch geprägten Kapitalisten (*capitalistas señoriales*) der neuen iberoamerikanischen Staaten speiste sich daher aus einer unvermeidlichen Quelle: die Kolonialität der Macht verleitete sie dazu, ihre gesellschaftlichen Interessen als gleichwertig gegenüber den Interessen der anderen herrschenden Weißen in Europa und den Vereinigten Staaten wahrzunehmen. Dieselbe Kolonialität der Macht hinderte sie jedoch daran, ihre gesellschaftlichen Interessen tatsächlich in derselben Weise wie ihre europäischen Pendants zu entwickeln, das heißt, Handelskapital (Gewinne, die entweder durch Sklaverei, Leibeigenschaft oder Reziprozität erwirtschaftet wurden) in industrielles Kapital umzuwandeln, weil dies bedeutete, Indio-Leibeigene und schwarze Sklaven zu befreien und sie in lohnabhängige Arbeiter zu verwandeln. Aus offensichtlichen Gründen konnten die kolonialen Herrscher der neuen unabhängigen Staaten, vor allem in Südamerika nach der Krise am Ende des 18. Jahrhunderts, in dieser Konstellation nur untergeordnete Partner der europäischen Bourgeoisie sein. Als es viel später notwendig wurde, die Sklaven zu befreien, so geschah dies nicht, um sie in Lohnarbeiter zu verwandeln, sondern um sie durch migrantische Arbeiter aus anderen, europäischen und asiatischen Ländern zu ersetzen. Die Abschaffung der Leibeigenschaft der Indios geschah erst vor kurzem. Es gab kein gemeinsames gesellschaftliches Interesse, keinen eigenen Markt und damit keine Lohnarbeiter, die es zu verteidigen galt, da kein lokaler Markt von Interesse für die Herrschenden war. Es gab einfach kein nationales Interesse.

Die Abhängigkeit der oligarchisch geprägten Bourgeoisie lag nicht an der *nationalen* Unterordnung. Diese war im Gegenteil die Konsequenz gemeinsamer rassialisierter Interessen. Es geht hier um das Konzept der historisch-strukturellen Abhängigkeit, das sich deutlich von den nationalistischen Vorschlägen einer externen oder strukturellen Abhängigkeit unterscheidet[10]. Die Unterordnung erfolgte erst später, gerade aufgrund der Abhängigkeit und nicht umgekehrt: Während der Weltwirtschaftskrise der 1930er Jahre war die Bourgeoisie mit dem größten Handelskapital in Lateinamerika (Argentinien, Brasilien, Mexiko, Chile, Uruguay und bis zu einem gewissen Grad Kolumbien) dazu gezwungen, diejenigen Güter lokal zu produzieren, die sie für ihren ostentativen Konsum benötigten und die sie bis dahin importiert hatten. Das war der Beginn des sonderbaren lateinamerikanischen Weges der abhängigen Industrialisierung: die Substituierung der importierten Güter für den ostentativen Konsum der oligarchisch

---

[10] Zu diesem Aspekt vergleiche mein »Urbanización, cambio social y dependencia«, ursprünglich veröffentlicht in Fernando Henrique Cardoso und Francisco Weffort (Hg.), *América Latina. Ensayos de interpretación sociológica*, Editorial Universitaria, Santiago de Chile, 1967.

geprägten Bourgeoisie [*señores*] und den mit ihnen verbundenen kleinen mittelständischen Gruppen durch lokale Produkte, die auf denselben Konsum ausgerichtet waren. Zu diesem Zweck war es nicht notwendig, die lokalen Ökonomien global zu reorganisieren, die Leibeigenen in großem Umfang in die Lohnarbeit zu überführen oder eigene Technologie zu produzieren. Die importsubstituierende Industrialisierung in Lateinamerika ist ein eindeutiges Beispiel der Auswirkungen der Kolonialität der Macht.[11]

In diesem Sinn war der Prozess der Unabhängigkeit der lateinamerikanischen Staaten ohne die Dekolonisierung der Gesellschaft kein Prozess hin zur Entwicklung moderner Nationalstaaten und konnte es auch nicht sein, er war vielmehr eine Reartikulation der Kolonialität der Macht auf neuen institutionellen Grundlagen. Seit damals, also beinahe 200 Jahre lang, sind wir mit dem Versuch beschäftigt, die Nationalisierung unserer Gesellschaften und unserer Staaten voranzutreiben. In keinem Land Lateinamerikas jedoch kann man eine vollständig nationalisierte Gesellschaft noch einen eigentlichen Nationalstaat vorfinden. Die nationale Homogenisierung der Bevölkerung gemäß dem eurozentrischen Modell der Nation wäre nur durch einen radikalen und globalen Prozess der Demokratisierung der Gesellschaft und des Staates möglich gewesen. Insbesondere hätte die Demokratisierung einen Prozess der Dekolonisierung

---

11 Zu diesen Fragen vergleiche meine Vorschläge in »América Latina en la economía mundial«, in *Problemas del desarrollo*, vol. XXIV, no. 95, UNAM, México, Oktober-Dezember 1993, S. 43-59.

der gesellschaftlichen, politischen und kulturellen Verhältnisse zwischen den *razas* oder genauer zwischen den europäischen und nicht-europäischen gesellschaftlichen Gruppen und Elementen beinhalten müssen bzw. muss dies immer noch beinhalten. Die Struktur der Macht war jedoch entlang der kolonialen Achse und um diese herum organisiert und ist es noch immer. Der Aufbau der Nation und vor allem des Nationalstaates war gegen die Mehrheit der Bevölkerung entworfen und gerichtet, in diesem Fall gegen die Indios, Schwarzen und Mestizen. Die Kolonialität der Macht übt im Großteil Lateinamerikas noch immer ihre Herrschaft gegen die Demokratie, die Staatsbürgerschaft, die Nation und den modernen Nationalstaat aus.

Im Augenblick können in Bezug auf das Problem des Nationalstaats vier geschichtliche Entwicklungswege und ideologische Perspektiven unterschieden werden:

1. Ein begrenzter, aber realer Prozess der Dekolonisierung/Demokratisierung durch radikale Revolutionen wie in Mexiko oder Bolivien, nach der Niederlage der haitianischen Revolution und der von Tupac Amaru. In Mexiko wurde der Prozess der Dekolonisierung der Macht seit den 1960er Jahren allmählich eingeschränkt und geriet Ende der 1970er Jahre in eine Krisenperiode. In Bolivien wurde die Revolution 1965 niedergeschlagen.
2. Ein begrenzter, aber realer Prozess der kolonialen (rassialisierten) Homogenisierung, wie im *Cono Sur* (Chile, Uruguay, Argentinien), durch einen

massiven Genozid an der indigenen Bevölkerung. Eine Variante dieser Linie stellt Kolumbien dar, wo die indigene Bevölkerung während der Kolonialzeit quasi ausgerottet und durch Schwarze ersetzt wurde.

3. Ein immer vergeblicher Versuch der kulturellen Homogenisierung durch einen kulturellen Genozid an *Indios*, Schwarzen und Mestizen, wie in Mexiko, Peru, Ecuador, Guatemala-Zentralamerika und Bolivien.
4. Die Durchsetzung einer Ideologie der »Rassendemokratie«,[12] die die tatsächliche Diskriminierung und die koloniale Herrschaft über die Schwarzen verschleiert, wie dies in Brasilien, Kolumbien und Venezuela der Fall ist. Man kann kaum ernsthaft behaupten, dass die Bevölkerung afrikanischen Ursprungs in diesen Ländern den Status einer tatsächlichen Staatsbürgerschaft innehätte, obwohl die rassialisierten Spannungen und Konflikte nicht so gewaltsam und offensichtlich sind wie in Südafrika oder dem Süden der Vereinigten Staaten.

Diese Verlaufsformen verweisen darauf, dass es zweifellos ein Element gibt, das die Entwicklung und Vervollständigung der gesellschaftlichen und staatlichen Nationalisierung radikal verhindert – im selben Ausmaß, in dem es auch deren Demokratisierung verhindert. Denn es gibt kein historisches Beispiel moderner

---

[12] Quijano bezieht sich hier vermutlich, aber nicht explizit, auf den von dem brasilianischen Soziologen Gilberto Freyre (1900-1987) in den 1930er Jahren mitgeprägten Mythos der »Rassendemokratie«. [Anm. d. Übers.]

Nationalstaaten, die nicht das Ergebnis dieser gesellschaftlichen und politischen Demokratisierung wären. Was ist oder könnte dieses Element sein?

In der europäischen Welt, und daher aus einer eurozentrischen Perspektive betrachtet, wurde die Formierung der Nationalstaaten als Ausdruck der Homogenisierung der Bevölkerung in Form von gemeinsamen geschichtlichen Erfahrungen theoretisiert oder eigentlich imaginiert. Und auf den ersten Blick scheinen die erfolgreichen Fälle der Nationalisierung der Gesellschaften und Staaten in Europa dieser Perspektive Recht zu geben. Die Homogenisierung besteht scheinbar in der Herausbildung einer gemeinsamen Identität und eines Gemeinschaftssinns für die Bevölkerung eines gewissen Herrschaftsraums. Und das ist in allen Fällen das Ergebnis der gesellschaftlichen Demokratisierung, die sich auf diese Weise in einem demokratischen Staat organisieren und ausdrücken kann. An diesem Punkt der Debatte ist die Frage angebracht, warum dies in Westeuropa und, mit den bekannten Einschränkungen, in der ganzen Welt europäischer Identität (Kanada, Vereinigte Staaten, Australien, Neuseeland, zum Beispiel) möglich war. Und warum ist dies in Lateinamerika bis heute nur teilweise und auf eine prekäre Art und Weise möglich?

Zunächst einmal stellt sich die Frage, ob in Frankreich, dem klassischen Fall eines modernen Nationalstaats, die radikale gesellschaftliche Demokratisierung möglich gewesen wäre, wenn dabei das Problem der *razas* [*factor racial*] eine Rolle gespielt hätte. Das ist sehr unwahrscheinlich. Heutzutage ist es leicht, das nationale Problem in Frankreich und die Debatte über die Präsenz der nicht-weißen, aus den ehemaligen französischen Kolonien stammenden Bevölkerung zu beobachten. Es handelt sich offensichtlich weder um eine ethnische noch um eine religiöse Angelegenheit. Neuerlich genügt es daran zu erinnern, dass ein Jahrhundert zuvor der Fall Dreyfus die Bereitschaft der Franzosen zur Diskriminierung unter Beweis gestellt hatte. Dessen Ausgang jedoch zeigte auch, dass für viele von ihnen die ursprüngliche Identität keine entscheidende Bedingung war, um Teil der französischen Nation zu sein, solange die Farbe französisch war. Die französischen Juden sind heute französischer als die Kinder der in Frankreich geborenen Afrikaner, Araber und Lateinamerikaner, ganz zu schweigen von den russischen und spanischen Immigranten, deren Kinder, da sie in Frankreich geboren wurden, Franzosen sind.

Das heißt, dass die Kolonialität der Macht, die auf der Durchsetzung der Idee der *raza* als Herrschaftsinstrument basiert, immer ein limitierender Faktor dieser Prozesse der Formierung der Nationalstaaten nach dem eurozentrischen Modell war, sei es in geringerem Ausmaß im Fall Nordamerikas, oder auf entscheidende Weise in Lateinamerika. Das aktuelle Ausmaß der Limitierung hängt, wie gezeigt wurde, vom Verhältnis der kolonialisierten *razas* zur Gesamtbevölkerung und von der Stärke ihrer gesellschaftlichen und kulturellen Institutionen ab.

Aus all diesen Gründen muss die auf der Idee der *raza* basierende Kolonialität der Macht als grundlegender Faktor bezüglich der nationalen Frage und des Nationalstaates anerkannt werden. Das Problem besteht jedoch darin, dass in Lateinamerika die eurozentrische Perspektive von den herrschenden Gruppen übernommen wurde, als ob es ihre eigene wäre, was sie dazu bewog, das europäische Modell der nationalstaatlichen Formierung Machtstrukturen aufzuzwingen, die entlang von kolonialen Verhältnissen organisiert sind. So befinden wir uns noch heute in einem Labyrinth, in dem Minotaurus stets sichtbar ist, es aber keine Ariadne gibt, die uns den ersehnten Ausgang zeigt.

EUROZENTRISMUS UND REVOLUTION IN LATEINAMERIKA

Ein anderer Fall dieses tragischen Auseinanderklaffens zwischen unserer historischen Erfahrung und unserer eurozentrischen Erkenntnisperspektive ist die Debatte über und die Praxis von revolutionären Projekten. Im 20. Jahrhundert setzte sich die große Mehrheit der lateinamerikanischen Linken, die den historischen Materialismus unterstützte, grundsätzlich mit zwei Typen von Revolutionen auseinander: der bürgerlich-demokratischen und der sozialistischen Revolution. In Auseinandersetzung mit dieser Linken schlug die Bewegung des Aprismo[13] im Namen ihres bedeutendsten Theoretikers, dem Perua-

[13] Die Bewegung des Aprismo umfasste unter anderem die APRA (Alianza Popular Revolucionaria Antiimperialista) in Peru, AD (Acción Democrática) in Venezuela, MNR (Movimiento Nacionalista Revolucionario) in Bolivien, MLN (Mo-

ner Haya de la Torre, zwischen 1925 und 1937 die so genannte Antiimperialistische Revolution vor. Sie wurde verstanden als Klärungsprozess des kapitalistischen Charakters der lateinamerikanischen Wirtschaft und Gesellschaft, der auf der Grundlage der nationalstaatlichen Kontrolle der zentralen Produktionsmittel als Übergang zu einer sozialistischen Revolution gedacht war. Seit dem Ende des Zweiten Weltkriegs hat sich dieses Projekt in eine Art Sozial-Liberalismus[14] verwandelt und ist seither erschlafft.

Auf knappe und schematische, jedoch nicht willkürliche Weise kann die lateinamerikanische Debatte über die bürgerlich-demokratische Revolution charakterisiert werden als ein Projekt, in dem die Bourgeoisie die Arbeiterklasse, die Bauern und andere beherrschte Gruppen organisiert, um der feudalen Herrschaft die Kontrolle über den Staat zu entreißen und die Gesellschaft und den Staat nach den Maßstäben des Kapitals und der Bourgeoisie zu reorganisieren. Die zentrale Annahme dieses Projektes ist, dass die Gesellschaft in Lateinamerika grundsätzlich

---

vimiento de Liberación Nacional) in Costa Rica, Movimiento Revolucionario Auténtico und die Orthodoxen in Kuba.

14 Die eurozentrische Kurzsichtigkeit nicht nur der europäischen und US-amerikanischen, sondern auch der lateinamerikanischen Gelehrten führte dazu, dass für diese Bewegungen und Projekte der Begriff des Populismus verbreitet und quasi universell durchgesetzt wurde. Diese Bewegungen haben jedoch wenig gemein mit der Bewegung der russischen Narodniki des 19. Jahrhunderts oder dem späteren nordamerikanischen Populismus. Eine Diskussion dieser Fragen findet sich in Aníbal Quijano, »Fujimorismo y populismo«, in Felipe Burbano de Lara (Hg.), *El fantasma del populismo*, Nueva Sociedad, Caracas, 1998, S. 171-205.

feudal oder zumindest semi-feudal ist und der Kapitalismus in seinen Anfängen steckt und noch unbedeutend und untergeordnet ist. Die sozialistische Revolution hingegen versteht sich als eine Verdrängung der Bourgeoisie von der Kontrolle des Staates durch die Arbeiterklasse, die an der Spitze einer Koalition der ausgebeuteten und beherrschten Klassen steht, um die staatliche Kontrolle der Produktionsmittel durchzusetzen und vom Staat ausgehend eine neue Gesellschaft zu errichten. Die Annahme dieses Vorschlags ist klarerweise, dass die Wirtschaft und damit auch die Gesellschaft und der Staat in Lateinamerika im Grunde kapitalistisch sind. In ihrer Sprache impliziert dies, dass das Kapital als soziales Produktionsverhältnis bereits vorherrschend ist und dass folglich die Bourgeoisie ebenfalls über die Gesellschaft und den Staat herrscht. Es wird jedoch eingestanden, dass es feudale Rückstände gibt und der Verlauf der sozialistischen Revolution daher bürgerlich-demokratische Aufgaben beinhalten muss.

In der Tat hat sich die politische Debatte der letzten fünfzig Jahre in Lateinamerika darauf fixiert, ob die Wirtschaft, die Gesellschaft und der Staat feudal/semi-feudal oder kapitalistisch sind. Bis vor wenigen Jahren vertrat die Mehrheit der lateinamerikanischen Linken den Vorschlag der bürgerlich-demokratischen Revolution und folgte damit vor allem den zentralen Grundsätzen des *Realsozialismus* oder des *sozialistischen Blocks*, habe er Sitz in Moskau oder Peking.

Um zu glauben, dass in Lateinamerika eine bürgerlich-demokratische Revolution nach europäischem

Modell nicht nur möglich, sondern auch notwendig ist, muss man für Amerika, und vor allem für Lateinamerika zuerst von folgenden Annahmen ausgehen: 1) einer sequenziellen Beziehung zwischen Feudalismus und Kapitalismus; 2) der historischen Existenz des Feudalismus und in der Folge eines historischen, antagonistischen Konflikts zwischen der feudalen Aristokratie und der Bourgeoisie; 3) einer Bourgeoisie, die daran interessiert ist, ein solch revolutionäres Unterfangen durchzuführen. Wir wissen, dass Mao in China zu Beginn der 1930er Jahre die Idee einer demokratischen Revolution neuen Typs vorschlug, weil die Bourgeoisie nicht mehr daran interessiert und auch nicht mehr dazu in der Lage war, ihre historische Mission zu erfüllen. In diesem Fall sollte ein Zusammenschluss ausgebeuteter/beherrschter Klassen unter der Führung der Arbeiterklasse die Bourgeoisie ersetzen und die neue demokratische Revolution in Angriff nehmen.

In Amerika jedoch, wie auf globaler Ebene seit 500 Jahren, besteht das Kapital nur als dominante Achse einer zusammenhängenden Artikulation aller historisch bekannten Formen der Kontrolle und Ausbeutung von Arbeit. Diese Artikulation bildet so ein einziges, historisch-strukturell heterogenes Muster von Macht, dessen Komponenten in einem diskontinuierlichen und konfliktiven Verhältnis zueinander stehen. Es gibt in Lateinamerika also keine evolutionäre Abfolge von Produktionsmodi, keinen dem Kapital vorhergehenden, von ihm getrennten und ihm entgegengesetzten Feudalismus, und keine Feudalherrschaft, die die Kontrolle über den Staat ausübte und von einer zur Macht drängenden Bourgeoisie mit revolutionären Mitteln verdrängt werden müsste. Gäbe es eine solch Abfolge, so verwundert es, dass die Anhänger des historischen Materialismus nicht für eine Revolution gegen die Sklaverei kämpften, die einer Revolution gegen den Feudalismus und den Kapitalismus vorausgehen müsste. Im Großteil dieses Kontinents (in den Vereinigten Staaten, der gesamten Karibik einschließlich Venezuela, Kolumbien, den ecuadorianischen Küsten sowie in Peru und Brasilien) war nämlich die Sklaverei weiter verbreitet und mächtiger. Aber klar, die Sklaverei endete vor dem 20. Jahrhundert. Und es waren die feudalen Herrscher, die die Macht erbten. Ist das nicht wahr?

Eine antifeudale, bürgerlich-demokratische Revolution im eurozentrischen Sinn ist daher schon immer eine geschichtliche Unmöglichkeit gewesen. Die einzigen demokratischen Revolutionen, die in Amerika tatsächlich stattfanden (abgesehen von der Amerikanischen Revolution), waren die popularen und nationalistisch-antiimperialistischen Revolutionen Mexikos und Boliviens. Ihr Charakter war sowohl antikolonial, also gegen die Kolonialität der Macht gerichtet, und antioligarchisch, das heißt, gegen die Kontrolle des Staates durch die oligarchisch geprägte Bourgeoisie unter dem Schutz der imperialen Bourgeoisie. In der Mehrzahl der anderen Länder bestand der Prozess aus einer graduellen und ungleichen Reinigung des sozialen und kapitalistischen Charakters in der Gesellschaft und im Staat. In der Folge war der Prozess stets langsam, ungleichmäßig und bruchstückhaft.

Hätte er auf andere Weise stattfinden können? Jede mögliche Demokratisierung der Gesellschaft in Lateinamerika muss in der Mehrzahl dieser Länder gleichzeitig und zusammen mit derselben geschichtlichen Bewegung als Dekolonisierung und als Umverteilung der Macht geschehen, das heißt, als eine radikale Umverteilung der Macht. Dies liegt in erster Linie darin begründet, dass die »gesellschaftlichen Klassen« in Lateinamerika durch eine »[Haut]Farbe« gekennzeichnet sind, eine beliebige »[Haut]Farbe«, die sich in jedem beliebigen Land zu jeder beliebigen Zeit finden lässt. Das heißt genau genommen, dass die Klassifizierung der Menschen sich nicht nur in einem Bereich der Macht realisiert, der Wirtschaft zum Beispiel, sondern in allen Bereichen. Die Herrschaft ist die Voraussetzung für die Ausbeutung, und die *raza* ist das wirksamste Herrschaftsinstrument, das zusammen mit der Ausbeutung als universelle Klassifizierung im derzeitigen weltweiten Muster kapitalistischer Macht dient. In Bezug auf die nationale Frage kann die Errichtung eines modernen Nationalstaates mit all seinen Konsequenzen, einschließlich der Staatsbürgerschaft und der politischen Repräsentation, nur durch einen Prozess der gesellschaftlichen Demokratisierung ermöglicht und erfolgreich durchgeführt werden.

Hinsichtlich des eurozentrischen Trugbilds von den »sozialistischen« Revolutionen als Kontrolle des Staates und als Verstaatlichung der Kontrolle über die Arbeit, ihre Ressourcen und Produkte, der Subjektivität, ihrer Ressourcen und Produkte und der Geschlechtlichkeit und ihrer Ressourcen und Produkte, muss darauf hingewiesen werden, dass diese Perspektive auf zwei grundsätzlich falschen theoretischen Annahmen beruht. Erstens auf der Idee einer homogenen kapitalistischen Gesellschaft, in dem Sinne, dass es nur das Kapital als soziales Verhältnis gibt und dass folglich die industrielle Arbeiterklasse die Mehrheit der Bevölkerung darstellt. Aber wir haben schon gesehen, dass dies nie der Fall war, weder in Lateinamerika noch im Rest der Welt, und dass dies fast mit Sicherheit nie der Fall sein wird. Zweitens beruht sie auf der Idee, dass der Sozialismus aus der Verstaatlichung aller Bereiche der Macht und der gesellschaftlichen Existenz besteht, angefangen mit der Kontrolle der Arbeit, weil man vom Staat ausgehend die neue Gesellschaft errichten kann. Diese Annahme stellt die ganze Geschichte erneut auf den Kopf, sogar in Bezug auf die groben Begriffe des historischen Materialismus, da sie aus einem *Überbau*, dem Staat, die *Basis* der Gesellschaft macht. Und sie verschleiert die Tatsache, dass es sich um eine totale Rekonzentration der Kontrolle der Macht handelt, die notwendigerweise zum totalen Despotismus der Kontrollorgane führt und sich als eine Vergesellschaftung der Macht ausgibt, also als eine radikale Umverteilung der Kontrolle der Macht. Aber gerade der Sozialismus kann nichts anderes sein als der Vorgang einer radikalen Rückführung der Kontrolle über die Arbeit, ihre Ressourcen und Produkte, über Geschlechtlichkeit/Ressourcen/Produkte, über die staatliche Machtbefugnisse/ Institutionen/Gewalt und über Intersubjektivität/Wissen/Kommunikation in das alltägliche Leben der Menschen. Das ist es, was ich seit 1972 als Vergesellschaftung der Macht[15] vorschlage.

1928 war José Carlos Mariátegui der einzige und ohne Zweifel der erste, und dies nicht nur in Lateinamerika, der erahnte, dass in diesem Zeit/Raum die gesellschaftlichen Beziehungen der Macht, was auch immer ihr früherer Charakter gewesen sein möge, gleichzeitig und aufeinander bezogen existierten und wirkten, in einer einzigen und gemeinsamen Struktur der Macht; dass diese Struktur keine homogene Einheit sein konnte, mit kontinuierlichen Beziehungen zwischen ihren Elementen, und einer kontinuierlichen und systematischen Entwicklung in der Geschichte; dass daher die Idee einer sozialistischen Revolution aus einer geschichtlichen Notwendigkeit heraus gegen die Gesamtheit dieser Macht gerichtet sein müsse und dass sie nicht aus einer erneuten bürokratischen Konzentration der Macht bestehen könne, sondern nur Sinn mache als Umverteilung der Kontrolle über die Bedingungen der gesellschaftlichen Existenz unter den Menschen selbst, in ihrem alltäglichen Leben.[16] Diese Debatte sollte in Lateinamerika

---

15 Vgl. Aníbal Quijano: *¿Qué es y qué no es el socialismo?*, Ediciones Sociedad y Política, 1972 und Aníbal Quijano: »Poder y democracia en el socialismo«, *Sociedad y Política*, no. 12, Lima, 1981, S. 33-50.

16 Diese Entdeckung ist es ohne Zweifel, die Mariátegui seine große Bedeutung und seine andauernde Geltung auch nach der Niederlage des Sozialismus und des historischen Materialismus verleiht. Vergleiche vor allem das Ende des ersten seiner »7 Versuche, die peruanische Wirklichkeit zu verstehen« (José CarlosMariátegui: *7 ensayos de interpretación de la realidad peruana*, Lima, 1928), seinen »Antiimperialistischer Gesichtspunkt«, in: Ders.: *Revolution und peruanische Wirklichkeit.*

erst ab den 1960er Jahren und im Rest der Welt seit dem Zusammenbruch des sozialistischen Blocks wieder aufgenommen werden.

In Wirklichkeit war jede Kategorie, die dazu verwendet wurde, den politischen Prozess Lateinamerikas zu charakterisieren, eine bruchstückhafte und verzerrte Art, diese Realität in den Blick zu nehmen. Das ist eine unvermeidbare Konsequenz der eurozentrischen Perspektive, in der ein unilinearer und einseitiger Evolutionismus sich auf widersprüchliche Weise mit einer dualistischen Geschichtsauffassung vermengt; ein neuer und radikaler Dualismus, der die Natur von der Gesellschaft und den Körper vom Geist trennt; der mit der Frage der Totalität nichts anzufangen weiß und sie einfach leugnet, wie der alte Empirismus oder der neue Postmodernismus, oder sie nur auf eine organizistische oder systemische Weise versteht, und sie dadurch in eine verzerrende Perspektive verwandelt, die nicht verwendet werden kann, ohne Irrtümer zu produzieren.

Es ist also kein Zufall, dass wir vorerst in beiden revolutionären Vorhaben besiegt wurden, sowohl in Lateinamerika als auch auf der ganzen Welt. Was wir bisher im Rahmen einer notwendigen Umverteilung der Macht, deren Voraussetzung und Ausgangs-

---

Ausgewählte politische Schriften. Hgg. v. Eleonore von Oertzen, ISP, Frankfurt am Main, 1986, S. 155-161., der in der Ersten Kommunistischen Konferenz Lateinamerikas vorgetragen wurde (1929), und seinen berühmten Aufsatz »Jahrestag und Bilanz« (*Aniversario y balance*) (José Carlos Mariátegui: »Aniversario y balance«, editorial de la revista *Amauta*, Lima, September 1928).

punkt eine Dekolonisierung der Gesellschaft ist, an zivilen und politischen Rechten erkämpfen konnten, wird heute im Prozess einer erneuten Konzentration der Kontrolle der Macht im weltweiten Kapitalismus unter der Führung derselben Verwalter der Kolonialität der Macht hinweggefegt. Folglich ist es an der Zeit zu lernen, uns vom eurozentrischen Spiegel zu befreien, in dem unser Abbild stets und notwendigerweise verzerrt ist. Es ist endlich an der Zeit damit aufzuhören, das zu sein, was wir nicht sind.

BIBLIOGRAPHIE

Allen, Theodore W.: *Die Erfindung der weißen Rasse. Rassistische Unterdrückung und soziale Kontrolle.* Band 1, Berlin, Edition ID Archiv, 1998.

Amin, Samir: *Eurocentrism*, Monthly Review Press, New York, 1989.

Anderson, Benedict: *Die Erfindung der Nation: Zur Karriere eines folgenreichen Konzepts,* Campus, Frankfurt am Main/New York 2005, 3. Aufl.

Baer, Werner: »The Economics of Prebisch and ECLA«, in *Economic Development and Cultural Change*, vol. X, Jänner 1962, S. 169-182.

Blaut, James Morris: *The Colonizers Model of the World. Geographical Diffusionism and Eurocentric History*, The Guilford Press, New York, 1993.

Bousquié, Paul: *Le corps cet inconnu*, L'Harmattan, Paris, 1994.

Coronil, Fernando: »Beyond Occidentalism: Toward Nonimperial Geohistorical Categories«, in *Cultural Anthropology*, vol. 11, no.1, Februar 1996, S. 51-87.

Descartes, René: *Meditationen. Abhandlungen über die Methode, die Vernunft richtig zu gebrauchen*, Matrix, Wiesbaden, 2006.

Dussel, Enrique: *The Invention of the Americas*, Continuum, New York, 1995.

Gobineau, Arthur de: *Essais sur l'inégalité des races humaines*, Paris, 1853- 1857.

González Casanova, Pablo: »Internal Colonialism and National Development«, in *Studies in Comparative International Development*, vol. 1, no. 4, 1965, S. 27-37.

Gruzinski, Serge: *La colonisation de l'imaginaire. Sociétés indigènes et occidentalisation dans le Mexique espagnol XVI-XVIII siècle*, Gallimard, Paris, 1988 (Spanische Ausgabe: *La colonización de lo imaginario. Sociedades indígenas y occidentalización en el México español. Siglos XVI-XVIII*, Fondo de Cultura Económica, Mexiko, 1995).

Jacobson, Matthew Frye: *Whiteness of a Different Color*, Harvard University Press, Cambridge, 1998.

Lander, Edgardo: »Colonialidad, modernidad, postmodernidad«, in *Anuario Mariateguiano*, vol. IX, no. 9, Lima, 1997, 122-131.

Mariátegui, José Carlos: »Antiimperialistischer Gesichtspunkt«, in: Ders.: *Revolution und peruanische Wirklichkeit. Ausgewählte politische Schriften.* Hgg. v. Eleonore von Oertzen, ISP, Frankfurt am Main, 1986, S. 155-161.

Mariátegui, José Carlos: *7 ensayos de interpretación de la realidad peruana*, Lima, 1928.

Mariátegui, José Carlos: »Aniversario y balance«, editorial de la revista *Amauta*, Lima, September 1928.

Marks, Jonathan: *Human Biodiversity, Genes, Race and History*, Aldyne de Gruyter, New York, 1994.

Mignolo, Walter: *The Darker Side of the Renaissance. Literacy, Territoriality and Colonization*, Michigan University Press, Ann Arbor ,1995.

Mudimbe, Valentin-Yves: *The Invention of Africa. Gnosis, Philosophy and the Order of Knowledge*, Bloomington University Press, Bloomington, 1988.

Myrdal, Gunnar: *American Dilemma*, Harper and Brothers, New York, 1944.

O'Gorman, Edmundo: *La invención de América*, Fondo de Cultura Económica, Mexiko, 1954.

Prebisch, Raúl: »Commercial policy in the Underdeveloped Countries«, in *American Economic Review, vol. XLIX, No.* 2, Mai 1959, 251-273.

Prebisch, Raúl: *The Economic Development in Latin America and its Principal Problems*, United Nations, New York, 1950.

Quijano, Aníbal: »Modernidad y democracia: intereses y conflictos«, in *Anuario Mariateguiano*, vol. XII, no. 12, Lima, 2000.

Quijano, Aníbal: »El fantasma del desarrollo en América Latina«, *Revista venezolana de economía y ciencias sociales*, no. 2, Caracas, 2000, S. 73-90.

Quijano, Aníbal: »¡Qué tal raza!«, in *Familia y cambio social*, CECOSAM, Lima, 1999, S. 186-204.

Quijano, Aníbal: »Coloniality of Power and its Institutions«. Vortrag im Rahmen der *2nd Annual Conference of the Coloniality Working Group: World Historical Sites of Colonial Disciplinary Practices: The Nation-State, the Bourgeois Fa-*

mily, and the Enterprise, Binghamton University, New York, 22.-24. April 1999 (unveröffentlichtes Manuskript).

Quijano, Aníbal: »Fujimorismo y populismo«, in Felipe Burbano de Lara (Hg.), *El fantasma del populismo*, Nueva Sociedad, Caracas, Venezuela, 1998, S. 171-205.

Quijano, Aníbal: »Estado-nación, ciudadanía y democracia: cuestiones abiertas«, in Helena González und Heidulf Schmidt (Hg.), *Democracia para una nueva sociedad*, Nueva Sociedad, Caracas, 1998, S. 139-158.

Quijano, Aníbal: »Colonialidad del poder, cultura y conocimiento en América Latina«, in *Anuario Mariateguiano*, vol. IX, no. 9, Lima, 1997, S. 113-122.

Quijano, Aníbal: »Colonialité du Pouvoir, Démocratie et Citoyenneté en Amérique Latine«, in *Amérique Latine: Démocratie et Exclusion.* L'Harmattan, Paris, 1994, S. 93-100.

Quijano, Aníbal: »América Latina en la economía mundial«, in *Problemas del desarrollo*, vol. XXIV, no. 95, UNAM, Mexiko, Oktober-Dezember, 1993, S. 43-59.

Quijano, Aníbal: »Réflexions sur l'Interdisciplinarité, le Développement et les Relations Inter culturelles«, in *Entre Savoirs. Interdisciplinarité en acte: enjeux, obstacles, résultats.* UNESCO-ERES, Paris, 1992.

Quijano, Aníbal: »›Raza‹, ›etnia‹ y ›nación‹ en Mariátegui: cuestiones abiertas«, in Roland Forgues (Hg.), *José Carlos Mariátegui y Europa. La otra cara del descubrimiento*, Amauta, Lima, 1992, S. 166-187.

Quijano, Aníbal: »Colonialidad y modernidad/racionalidad«, in *Perú Indígena*, Vol. 13, No. 29, Lima, 1992, S. 11-20.

Quijano, Aníbal, »América, el capitalismo y la modernidad nacieron el mismo día«, Interview in *ILLA*, no. 10, Lima, Jänner 1991.

Quijano, Aníbal: »La nueva heterogeneidad estructural de América Latina«, in Heinz Sonntag (Hg.), *Nuevos temas, nuevos contenidos*, UNESCO-Nueva Sociedad, Caracas, 1989, S. 29-51.

Quijano, Aníbal: *Modernidad, identidad y utopía en América Latina*, Ediciones Sociedad y Política, Lima, 1988.

Quijano, Aníbal: »Poder y democracia en el socialismo«, *Sociedad y Política*, no. 12, Lima, 1981, S. 33-50.

Quijano, Aníbal: *Notas sobre el concepto de marginalidad social*, CEPAL, Santiago de Chile, 1966 (später veröffentlicht in: Aníbal Quijano, *Imperialismo y Marginalidad en América Latina*, Mosca Azul, Lima, 1977, S. 31-100).

Quijano, Aníbal: *¿Qué es y qué no es el socialismo?*, Ediciones Sociedad y Política, 1972.

Quijano, Aníbal: »Urbanización, cambio social y dependencia«, ursprünglich veröffentlicht in Fernando Henrique Cardoso und Francisco Weffort (Hg.), *América Latina. Ensayos de interpretación sociológica*, Editorial Universitaria, Santiago de Chile, 1967.

Quijano, Aníbal und Immanuel Wallerstein: »Americanity as a concept, or the Americas in the modern world-system«, in *International Social Science Journal*, no. 134, UNESCO, Paris, November 1992, S. 549-557.

Rabasa, José: *Inventing America. Spanish Historiography and the Formation of Eurocentrism*, Oklahoma University Press, Norman, 1993.

Said, Edward: *Orientalism*, Vintage Books, New York, 1979.

Stavenhagen, Rodolfo: »Classes, colonialism and acculturation«, in *Studies in Comparative International Development*, vol. 1, no. 7, 1965, S. 53-77.

Stocking, George W. Jr.: *Race, Culture and Evolution. Essays in the History of Anthropology*, The Free Press, New York, 1968.

Tilly, Charles: *Coercion, Capital and European States AD 990-1992*, Blackwell, Cambridge, 1990.

Tocqueville, Alexis de: Über die Demokratie in Amerika, Reclam, Stuttgart, 1986,

Viola, Herman und Carolyn Margolis (Hg.): *Seeds of Change. A Quincentennial Commemoration*, Smithsonian Institute Press, Washington, 1991.

Wallerstein, Immanuel: *Das modern Weltsystem*, Bände I-IV., Promedia, Wien, 2012.

Wallerstein, Immanuel: »El Espacio/Tiempo como base del conocimiento«, in *Anuario Mariateguiano*, vol. IX, no. 9, Lima, 1997, S. 101-112.

Young, Robert. C.: *Colonial Desire. Hybridity in Theory, Culture and Race*, Routledge, London, 1995.

Bibliografische Information der Deutschen Nationalbibliothek

Die Deutsche Bibliothek verzeichnet diese Publikation in der Deutschen Nationalbibliografie; detaillierte bibliografische Daten sind im Internet über http://dnb.ddb.de abrufbar.

Bibliographic Information published by the Deutsche Nationalbibliothek

The Deutsche Bibliothek lists this publication in the Deutsche Nationalbibliografie; detailed bibliographic data are available on the internet at http://dnb.ddb.de.

ISBN 978-3-85132-945-2

Originaltitel: Aníbal Quijano: Colonialidad del poder, eurocentrismo y América Latina

Reprint 2019, 2026

VERLAG TURIA + KANT
A-1020 Wien, Leopoldsgasse 14
Büro Berlin: D-10827 Berlin, Crellestraße 14
info@turia.at | www.turia.at